Tatjana Goritschewa

Die Kraft christlicher Torheit

Tatjana Goritschewa

Die Kraft christlicher Torheit

Meine Erfahrungen

Herder

Freiburg · Basel · Wien

Aus dem Russischen von Lorenzo Amberg

Vierte Auflage

Umschlagfoto: John Willcocks

Alle Rechte vorbehalten – Printed in Germany
© Verlag Herder Freiburg im Breisgau 1985
Herstellung: Freiburger Graphische Betriebe 1986
ISBN 3-451-20338-3

Inhalt

Rosanow: „Gott ist in mir" – Das Böse dringt nicht ein, wo der Heilige Geist herrscht – Freiheit trotz der Freiheit – In der Kirche wird alles neu – Auch Oblomow träumt vom Fest – Die Liebe ist das höchste – Das utopische Paradies der Revolutionäre – Das wiedergefundene Fest, das ewige Paradies

Wo Schönheit fehlt, fehlt auch Freiheit – „Wo sind die Löwen?" – Verkalkte Formen – Künstliche Welt des Besitzens – Die wahrhaft Suchenden und Leidenden – So stark wird die Sehnsucht werden – Wieso werden Menschen plötzlich so dumm? – Am Fernsehen erlebt – Das Unglück der Christen im Westen – Undankbarkeit – Gebet und Reue – Bei Jean und Lucette – Nur die Armut hilft – Die Kühnheit, lächerlich zu sein – Das westliche Christentum hat den Leib verloren – Versiegen der Liebesenergie – Erniedrigte, Leidende, Toren – Die Bettlerin in Leningrad – Als Parasiten verhaftet – Der geistliche Beamte – Priester und Bischöfe müssen Vater und Mutter sein – Auf dem Wasser gehen – Gott allein hat gelitten – Vor dem Schaufenster der Buchhandlung – Die Heiligen werden siegen

Die Anmerkungen stammen, falls nichts anderes angegeben, vom Übersetzer.

I. Kirche und Gegenwart

Interviews mit den Zeitungen
„Russkaja Mysl" und „Tschassy"

Der geistliche Weg der russischen Intelligenzija

Frage: Tanja, der geistige Weg der russischen Intelligenzija[1] führte in den letzten hundert Jahren vom politischen Radikalismus und Nihilismus zunächst zum Idealismus, dann zum Glauben und schließlich zum Christentum in seiner historischen, für uns organischen Gestalt, der konkreten, traditionellen, kirchlichen Orthodoxie. Dieser für die Genesung unseres nationalen Lebens und unserer nationalen Kultur allein rettende Weg ist durch die revolutionäre Katastrophe jäh abgebrochen worden. Die geistigen Entwicklungen rissen ab oder schlugen neue Richtungen ein: beim einen durch die Emigration, beim andern durch Gefängnis oder gewaltsamen Tod, beim dritten, wie zum Beispiel bei Sergej Durylin, der sein Priesteramt niederlegte, einfach durch den Wunsch zu überleben[2] ...Und nun hat sich der Prozeß der „Verkirchlichung" und des Eintretens in den

---

[1] Der Begriff der Intelligenzija meint in der russischen Geschichte des 19. und des 20. Jahrhunderts nicht die Gesamtheit der gebildeten Bevölkerung, sondern lediglich deren radikalen, durch gemeinsame systemverändernde Ideale verbundenen Teil.

[2] Sergej Durylin (1877–1954), sowjetischer Literaturwissenschafter, gehörte vor der Revolution einem theologischen Zirkel an, der die Wiederbelebung des russischen Mönchtums als Gegengewicht zum bürokratischen Kirchenapparat forderte. Durylin wurde nach 1917 Priester, verzichtete dann aber später auf diesen Stand.

„Kirchenkreis" ungefähr seit Anfang der sechziger Jahre in der Sowjetunion erneuert. Ist deiner Ansicht nach die Kirchenbewegung des Jahrhundertanfangs vergleichbar mit dem, was heute vor sich geht, und wenn ja, worin siehst du die Ähnlichkeit?

Antwort: Die letzten zwei, drei Jahrhunderte der Geschichte Rußlands sind von einem tragischen Mißverständnis zwischen Kirche und Intelligenzija geprägt. Beginnen wir mit dem 18. Jahrhundert – man könnte auch früher ansetzen –, als Peter der Große mit seiner Reform das Patriarchat abschaffte, um die Kirche in ein „geistliches Kollegium", d. h. ganz einfach in eine staatliche Behörde, zu verwandeln. Die Bischöfe wurden zu Beamten. Als eine ständig gegen den Staat aufbegehrende Größe wäre es nun die Aufgabe der Intelligenzija gewesen, das Volk der Vervollkommnung entgegenzuführen. Doch sie konnte diese erzieherische Mission nicht erfüllen, da sie die Solidarität mit der Masse des Volkes verloren hatte. Die Intelligenzija entfremdete sich dem Volk, weil sie von der Kirche losgelöst war, während das Volk dieser treu blieb.

Die Reformen Peters trafen die Klöster besonders hart, und bekanntlich ist ja das Kloster die Stütze der Orthodoxie. Seitdem Peter der Große den Mönchen verboten hatte, ein Tintenfaß zu besitzen, waren die Klöster ihrer früheren intellektuellen Kräfte beraubt und verloren den Anschluß an den wissenschaftlichen Fortschritt der zivilisierten Welt. Die Intelligenzija ihrerseits suchte die Wahrheit in der westlichen rationalistischen Philosophie und wurde immer positivistischer und revolutionärer.

In den sechziger Jahren des 19. Jahrhunderts hatte sich dieser Riß zwischen Intelligenzija und Kirche zum Abgrund erweitert: Ein Dialog war nun schon nicht mehr möglich. Die besten Vertreter der russischen Jugend gaben sich der

Revolution hin, opferten sozialen Rang, Reichtum und Leben und haßten dabei die Kirche, in der sie nichts als eine Bastion des Zarenregimes sahen. Tatsächlich war der Staat so tief in die Kirche eingedrungen, daß beispielsweise für eine erfolgreiche Karriere die Bestätigung eines Priesters darüber erforderlich war, ob man das Abendmahl empfangen hatte.

Die Revolutionäre waren nach den Worten Fedotows „Heilige ohne Gott": Sie verachteten ruhiges Leben und Nahrung und dachten überhaupt nicht an ihre persönlichen Bedürfnisse, sondern lebten einzig und allein ihren hohen sozialen und moralischen Idealen.

Einige Jahre vor der Revolution besann sich eine Gruppe Intelligenzler, brach mit dem Marxismus und fand zur Orthodoxie, doch zu spät: In schicksalhaftem Gang vollzog sich bereits der bolschewistische Umsturz. Das Resultat waren anstatt des versprochenen Paradieses die sieben Kreise der Hölle. Die russische Intelligenzija wurde durch Terror, Emigration und sklavischen Dienst an der Ideologie beinahe ausgerottet.

In den sechziger Jahren erlebte die Intelligenzija eine Wiedergeburt. Welche Kirche findet sie vor? Eine doppelt vom Staat abhängige „Kirche des Schweigens", in der außer der „Kultausübung" alles verboten ist: die Verkündigung des Evangeliums, die christliche Wohltätigkeit und überhaupt jede soziale oder Bildungsarbeit. Und trotzdem ist jetzt nicht die Zeit, jemandem Vorwürfe zu machen und Fehler beim anderen zu suchen. Man muß zuerst den Balken aus dem eigenen Auge entfernen, bevor man den Splitter im Auge des Nachbarn bemerkt. Und für uns gibt es nichts Schöneres, Teureres und Ersehnteres als unsere beleidigte, aber unbesiegte Kirche.

Die heutige russische Intelligenzija glaubt an keine Ideologie oder Utopie mehr – und das gilt nicht nur für den

Marxismus. Sie hat zuviel erlitten, um noch in einem Traum zu leben, und durch ihre Erfahrung ist sie zu gewitzt, um das Übel allein in der sozialen Ungerechtigkeit zu suchen. Seit zwanzig Jahren ist zu beobachten, daß viele ihrer Vertreter den Weg zur Kirche finden. Die Analogie zum Anfang unseres Jahrhunderts, als ein Teil der russischen Intelligenz sich schrittweise von den „progressiven" Weltanschauungen absetzte, drängt sich auf. Wir aus der Asche Auferstandenen müssen Brücken schlagen und eine Verbindung mit unserer historischen Vergangenheit suchen. Doch gibt es in unserer Lage auch neue Aspekte. Wir wissen, wie die Dispute zwischen Vertretern der Geistlichkeit und der Intelligenzija damals geführt wurden. Auf den „Religiös-philosophischen Versammlungen" in Petersburg von 1901 bis 1903 warf die Intelligenzija der Kirche Unbeweglichkeit, Passivität und viele andere Unzulänglichkeiten vor. Sogar wenn sie den Weg zu ihr suchten, griffen die Intelligenzler die Kirche an. Heute dagegen, achtzig Jahre später, da die russische Kirche und die russische Intelligenzija durch Leiden erneuert und geläutert sind, ist auch ihr gegenseitiges Verhältnis ein anderes. Die Neubekehrten kommen einerseits mit grenzenlosem Vertrauen und mit dem Bewußtsein ihrer Sündhaftigkeit zur Kirche und andererseits mit dem Gefühl des wunderbaren, unverdienten Gerettet-Seins. Die heutigen Neophyten glauben mit kindlicher Einfalt an die Kirche, weil sie wissen, wie grauenvoll es ist, ohne Gott zu leben. Dieser kindliche Glaube fehlte möglicherweise den Disputanten des Jahrhundertanfangs. Natürlich werden die damals behandelten Probleme – Kirche und Kultur, Kirche und Politik usw. – auch in unseren Tagen wieder auftauchen, doch erst in zweiter Linie, da am Anfang die Reue und das Kreuz stehen. Von der Heiligkeit der Kirche sagte F. I. Udjelow: „Jede Sünde in der Kirche ist nicht eine Sünde in der Kirche, sondern gegen sie."

Der Heilige Geist offenbarte sich im Geistesleben

Frage: Ist der religiösen Renaissance in Rußland nicht eine kulturelle vorausgegangen?

Antwort: Nach dem Tod Stalins, der den schrecklichsten Geistesterror der Geschichte inszeniert hatte, befanden wir uns in einer Art Vakuum. Wir glaubten an keine Autorität und entlarvten Mythen und Tabus, worin uns die unter Chruschtschow teilweise zugelassene westliche existentialistische Philosophie – Camus, Sartre, Jaspers, Heidegger – sehr behilflich war. Wir erkannten in ihr die Erfahrung der Verzweiflung, der Leere und des totalen Nihilismus wieder. Zudem begann sich in der „Tauwetter-periode" eine freie Kunst zu entwickeln, man konnte auch freier sprechen, und es eröffnete sich eine neue Welt-schau.
Ein kultiviertes Intelligenzija-Milieu entstand damals, und man berauschte sich in einem gewissen Sinne an Freiheit und Schöpfertum. Schon hier, in dieser Ehrfurcht vor der Freiheit, der Schönheit und der menschlichen Person, war das Wehen des Heiligen Geistes zu spüren. Ja, die Schaffung einer neuen Kultur war bereits der Anfang der religiösen Wiedergeburt.

Frage: Der Existentialismus ist eine irreligiöse, in bedeuten-dem Maße gar atheistische Philosophie, doch als wir ihn in Rußland entdeckten, als er aus dem Westen zu uns kam und wir erfuhren, daß es eine Wahlfreiheit gibt und der Mensch nicht bis ins letzte determiniert ist, faßten wir den Existentialismus als etwas auf, dem ein religiöser Sinn zu-grunde liegt, als etwas, das uns aus dem Rahmen des Positi-vismus herausführen könnte. Was meinst du dazu?

Antwort: Im Westen habe ich Leute getroffen, die nach der Lektüre Sartres aus der Kirche ausgetreten sind. In Rußland beobachtete ich, wie Sartre mit seinem Postulat der Freiheit seine Leser im Gegenteil zum Christentum hinführte.

Der Westen macht gleichsam immer noch den Prozeß des Zerfalls der christlichen und der traditionellen Werte durch und kämpft noch mit allen Kräften für einen ursprünglichen Christozentrismus und für die Reinheit des Glaubens, was eine Defensivhaltung ist. Deshalb wird fast die ganze zeitgenössische Kultur als vom Christentum abgefallen, als antichristlich oder „postchristlich" bewertet. Für uns war alles anders, da das Christentum schon gar nicht mehr existierte – es war von der Gewalt der neuen sowjetischen Weltanschauung, die Menschen, Bücher, Kirchen, ja das historische Gedächtnis vernichtet hatte, verdrängt worden. Und als der Heilige Geist erneut auf unsere Erde herniederstieg, offenbarte er sich uns zunächst in der Vielfalt von neuen Namen, Büchern und Ausstellungen und – das war das wichtigste – einer Menge von innerlich freien, schöpferischen Persönlichkeiten. Theorie und Praxis des Existentialismus trafen bei uns auf eine lebensfeindliche und schreckliche Ideologie und triumphierten deshalb. Eine andere Kultur gab es nicht mehr – alles war ausgebrannt. So kam es denn, daß die düstere Welt Kafkas bei uns als ein Freiheitswehen erfahren und Sartres Roman „Der Ekel" als etwas Erfreuliches erlebt wurde. Alles, was Aufrichtigkeit atmete – und sei es auch in noch so entstellter Form wie bei Sartre –, war unsere Rettung. Als zum Beispiel bald nach Stalins Tod die erste Picasso-Ausstellung eröffnet wurde, war das ein Ereignis, das in seiner Bedeutung die ganze Kultur und, ich würde sagen, das ganze Geistesleben unseres Landes betraf. Picasso war für uns damals gar nicht etwa der Zerstörer und diabolische Analytiker, als der er hier oft verstanden wird. Seine Malerei war ein Zei-

chen dafür, daß sich der Mensch nicht auf eine photogra-
phische Darstellung im Sinne des sozialistischen Realismus
reduzieren läßt.

Glaube und Schöpfertum

Frage: Es gibt ein Thema, das, wie mir scheint, im russischen religiösen Bewußtsein als ungelöstes Problem da-
steht: die Wechselbeziehungen, der Gegensatz oder die
Verbindung von Glaube und Schöpfertum. Wie viele tragi-
sche Beispiele gibt es da: Gogol, Tolstoj... Ich meine, im
Westen ist der Künstler weniger um die moralisch-religiöse
Rechtfertigung seines Schaffens besorgt, und er hat auch
weniger das Bedürfnis, die Wahrheit an sich zu finden. Existiert in Rußland ein neues religiöses Schaffen?

Antwort: Das Schöpfertum spielt in der russischen Philosophie eine hervorragende Rolle, bedeutete es doch Auftauchen aus dem Nichtsein und Sieg über die Banalität,
Überwindung der Trägheit und Lobpreisung des Wunders.
Natürlich beschäftigte die russischen Denker die „Rechtfertigung" des Schöpfertums, oft gar auf qualvolle Weise. Eini-
gen schien es, das schöpferische Christentum schließe die
Schaffung des „Neuen" aus. Das ist der Fall etwa bei Berdjajew, für den die Reue – das Eingestehen der Sünde – dem
künstlerischen Schaffen entgegengesetzt ist, da sie die Persönlichkeit beenge und lähme. Eigentlich gibt es aber hier
überhaupt keine Antithese, ganz im Gegenteil: je stärker
das Bewußtsein der eigenen Sündhaftigkeit ist, desto reiner
ist das Herz und desto größer das Wagnis – die reinen Herzens sind, werden Gott schauen (Mt 5, 8). Die Reue löscht
die Vergangenheit aus und ebnet den Weg für die Zukunft.
Überhaupt zeigt die Reue die Lügenhaftigkeit des „Gleich-

heitsgesetzes": Im geistigen Leben darf man weder unfruchtbar sein noch sein Talent vergraben.

Freiheit von der Sünde und von der Macht der Vergangenheit eröffnet eine neue zeitliche Perspektive – die Zukunft – und schafft die Voraussetzungen für das Wagnis des Schöpfertums, für die Bereicherung der Existenz und für das Schaffen aus dem Nichts heraus.

Das Schöpfertum wird auch etwa in Gegensatz zum Gehorsam gestellt, was ebenfalls unzulässig ist. Echtes Schaffen ist ganz Gehorsam, und wie Simone Weil schreibt, gibt es nichts Natürlicheres und Schöneres als Gehorsam:

„Die Materie ist völlige Passivität und also völliger Gehorsam gegen den Willen Gottes. Sie ist ein vollkommenes Vorbild für uns. Es kann kein anderes Sein geben als Gott und das, was Gott gehorcht. Ihres vollkommenen Gehorsams wegen verdient die Materie die Liebe derer, die den Herrn und Meister der Materie lieben, wie ein Liebhaber voller Zärtlichkeit die Nadel betrachtet, die seine tote Geliebte einst in ihren Händen gehalten hat. Daß sie diesen Anteil an unserer Liebe verdient, lehrt uns die Schönheit der Welt. In der Schönheit der Welt wird die rohe Notwendigkeit zum Gegenstand der Liebe. Nichts ist so schön wie die Schwerkraft in den flüchtig sich kräuselnden Wellen des Meeres oder die beinah ewigen Faltungen der Gebirge. Das Meer ist ja in unseren Augen nicht weniger schön, weil wir wissen, daß die Schiffe bisweilen in seiner Flut versinken. Im Gegenteil, es ist deshalb nur um so schöner. Wenn es die Bewegung seiner Wogen änderte, um ein Schiff zu verschonen, so wäre es ein mit Unterscheidungsvermögen und Wahlfreiheit begabtes Wesen und nicht diese jedem äußeren Druck vollkommen gehorsame Flüssigkeit. Dieser vollkommene Gehorsam ist seine Schönheit" („Das Unglück und die Gottesliebe").

Es gibt nichts Natürlicheres, aber auch nichts Übernatürlicheres als Gehorsam. Glaubenshelden wagen mehr als Heroen und sogar, wie Rilke sagt, „um einen Hauch mehr" als die Natur.

Der echte Glaubensheld ist ein furchtloser Schöpfer der neuen Kreatur. Nicht umsonst sagten die heiligen Kirchenväter: „Fürchtet euch vor nichts, auch nicht vor der Sühne, aber fürchtet euch vor dem Gebet." Gemeint ist: fürchtet euch davor, falsch zu beten.

Ist die Helotenarbeit nicht durch die Berührung des Heiligen Geistes „vergoldet" und fehlt ihr die Gnade, gleicht der Glaubensheld dem vertrockneten Feigenbaum, dem „dröhnenden Erz und der lärmenden Pauke". Ohne die Heimsuchung des lebenspendenden Heiligen Geistes kann der Asket – und das ist noch schlimmer – in Selbstüberheblichkeit und in die schlimme Sünde des Stolzes verfallen. Deshalb ist ein Diktator gefährlicher, wenn er wie ein Asket lebt, als wenn er ein Genußmensch ist.

Groß ist das Wagnis, doch groß ist auch Gottes Segen, heißt es doch im Muttergottes-Akathistos[3]: „Freue dich, Wagnis der unbesiegbaren Märtyrer!" Das sah und fühlte ich in Rußland, als ich in den Klöstern weilte. Auch von Mönchen des Athos hat man schon gehört, daß in der Stille und Abgeschiedenheit der russischen Klöster diejenigen Dämonen schon gefesselt und gestürzt sind, deren Macht vor kurzem noch unbegrenzt schien und die früher Rußland in ihrer Gewalt hatten und heute den Westen beherrschen.

---

[3] Der Akathistos ist eine byzantinische, wahrscheinlich aus dem 4. Jahrhundert stammende Hymnenform, die im 8. Jahrhundert nach Rom gelangte und in ihrer lateinischen Fassung den Anfang der westlichen Mariendichtung und der Marienlitaneien bildete. – In der slawischen Übersetzung hat das Genre des Akathistos eine große Verbreitung gefunden und ist in Rußland bis heute sehr beliebt.

Nüchternheit, nicht Langeweile

Frage: Aber schließlich führt ja der Weg des Asketen zur extremen Einfachheit, die Vielfalt und Sinnesfreude gleichsam ausschließt. Wie ist denn Askese mit Schöpfertum vereinbar?

Antwort: Ja, der Weg des Hesychasten schließt Phantasie und Träumerei aus: Die Orthodoxie beruht auf der Nüchternheit der Sinne. Doch heißt das nicht, daß die heiligen Väter Langeweile und Monotonie verlangen. Im Gegenteil, indem der Mensch die Einfachheit als den Anfang und das Ende von allem entdeckt, kann er das Wagnis eingehen, furchtlos neue Werte zu schaffen. Das Gebet ist der Gipfel des Schaffens; es eröffnet uns den Weg zur Verwirklichung anderer schöpferischer Impulse.

Gerade in der Stille und Abgeschiedenheit der Klöster werden neue Werte geschaffen und erfährt das Sein eine Bereicherung. Der Motor der Geschichte sind weder der Klassenkampf noch wirtschaftliche Interessen; es ist das Gebet, das die Geschichte lenkt.

Einzelne russische Intelligenzler verzichteten, als sie in die Kirche eintraten, auf die Kultur und auf die Werte der „heidnischen" Vergangenheit, um nicht in Hochmut zu verfallen, um sich zu verändern und um völlig neue Menschen in Christus zu werden. Doch die meisten der Neubekehrten bekamen von den Starzen und Beichtvätern den Segen, ihr kulturelles Schaffen nicht aufzugeben, sondern es in den Dienst der Kirche zu stellen. Es ist wahrscheinlich das erste Mal in der Geschichte des Christentums, daß so viele schöpferische Menschen zur Kirche finden, und das ist eine erfreuliche Tatsache.

Hier stoßen wir auf etwas, das wie ein Paradox anmutet: Ich kenne in der christlichen Geschichte keine solche Epoche, wo völlig freie, sich niemandem unterwerfende Menschen, die weder äußerlich noch innerlich Diener ihresgleichen sein wollen, Diener Gottes werden und sich der Kirche verfügbar machen. Das ist recht eigentlich die gnadenreiche Verbindung von Freiheit und Autorität, von Schöpfertum und Gehorsam, und dieser „Kairos" ist der Sinn des Christentums. Der Herr will unsere freie, schöpferische Liebe: das ist die wichtigste kulturelle Errungenschaft unserer Zeit. Man braucht sich nur vorzustellen, die ganze Kulturentwicklung sei seit der Renaissance in umgekehrter Richtung verlaufen. Die westliche wie die russische Aufklärung segelten unter der Flagge von Kritik und Selbstkritik, dann der Kritik der Kritik und schließlich einer immer weiter sich radikalisierenden Verneinung. Peter Sloterdijk schreibt, wir lebten in einer Zeit der „aufgeklärten Aufklärung", da der Nihilismus nicht mehr über genügend Negationskräfte verfüge und sich in Zynismus umgewandelt habe. In Rußland nun gibt es nicht nur den Zynismus, sondern auch eine „aufgeklärte Aufklärung" anderer Art, nämlich die christliche Kultur, Aufklärung also, die ihren Namen – wie im Französischen und im Russischen – vom Licht ableitet. Es ist, als ob sich in den sechziger und siebziger Jahren das Rad der Zeit bei uns zurückgedreht hätte: Zerstörung verwandelte sich in Aufbau und Skepsis in Glaube und Wunder.

Der „Zeitgeist" als Engel der Ewigkeit

Etwas zur Frage der Zeit: Heute hört man im Westen oft, das Christentum müsse dem „Zeitgeist" widerstehen. Die einen sagen, die Glaubenskrise hinge mit der Verstädterung, der Beschleunigung des Lebensrhythmus und des Verlustes der patriarchalischen Lebensweise zusammen, die anderen haben Angst vor allem Neuen und klammern sich an irgendeine Ordnung und an den „gesunden Menschenverstand". Mir scheint es ist in Rußland wie im Westen Zeit, daß man aufhört, „konservativ" zu sein. Bei uns ist das ganz klar: Das russische Dorf wurde schon während der Kollektivierung unter Stalin und wird auch heute noch mit Erfolg zerstört. Und doch bleibt dieses gequälte und erschöpfte Dorf ohne Kirche und Geistliche, in dem nur noch alte Frauen und kranke Trinker wohnen, bis heute christlich. Doch die religiöse Wiedergeburt vollzieht sich in den Städten, und zwar in den großen Zentren Moskau, Leningrad, Kiew... Zu Gott finden die „fortschrittlichen" Menschen unserer Epoche, Menschen, die das ungesunde und hektische Stadtleben „verdorben" und der Nihilismus und die Entwurzelung ausgemergelt hat: „Wo aber Gefahr ist, wächst das Rettende auch", sagt Hölderlin.

Die Religion ist heute die Weltanschauung der „progressiven" und nicht der „konservativen" Menschen.

Und zum „Zeitgeist": erstaunlich, wie das Unmögliche und das von der Geschichte Verworfene plötzlich deren Mittelpunkt wird. Das Gleichnis des von den Bauleuten verworfene Steins, der zum Eckstein wurde (Lk 20, 17), läßt sich heute nicht nur auf einzelne Heilige anwenden, sondern auf den „Zeitgeist" selbst. Einzelgänger waren Kierkegaard und Nietzsche, und ihr Denken galt als unzeitgemäß; Einzelgänger waren auch Dostojewskij und der späte Gogol, als sie das Heil im Evangelium fanden. Was die russische Kultur unserer Tage betrifft, ist sie – und zwar sowohl die offizielle wie die nichtoffizielle – von christlichen Motiven und Werten durchdrungen. Wir fürchten den „Zeitgeist" nicht – für uns ist er der Engel der Ewigkeit geworden.

Leib und Seele des Christentums wurden entdeckt

Frage: Erzähle mir von deinem Beichtvater. Wie schenkte er schöpferischen Menschen geistliche Nahrung?

Antwort: Mein Beichtvater verlangte von uns, daß wir nicht stehenblieben, sondern „von einem Sieg zum anderen" (Ps 84, 8) eilten und daran erstarkten. Interessant, wie er als unintelligenter, d. h. eher wenig gebildeter Mensch Dichtern, Künstlern und Philosophen unfehlbar zu sagen vermochte, wo etwas unecht tönte, wo ein falsches Wort stand und wo kokettiert wurde... Ein kleines Detail gestattete es ihm, das Ganze zu verstehen. Einen Menschen konnte er an einer zufälligen Geste erkennen, und sein Verständnis beruhte auf der Liebe und dem Geist; nie wurde er müde zu lieben: Von Neubekehrten, wie ich eine war, hat er eine große Menge, und jede Woche strömen neue zu ihm, und keinen einzigen vergißt er jemals. Auch jetzt, da ich von ihm durch mehrere unpassierbare Grenzen getrennt bin, weilt er im Gebet; in seinem Herzen trennt er sich nie von mir, und er versteht auch alle meine hiesigen Probleme, als wäre ich noch dort, bei ihm.

Frage: Für die religiöse Renaissance ist charakteristisch, daß junge und weniger junge Menschen, die seit ihrer Kindheit nie etwas von Gott gehört haben, zur Kirche finden. Gewöhnlich geschieht die Hinwendung zu Gott außerhalb der Kirche, doch tritt später der orthodoxe Christ trotzdem in die Kirche ein, da die Orthodoxie ohne diese undenkbar ist. Wie bist du auf die Kirche gestoßen?

Antwort: Tatsächlich fanden viele später Neubekehrte zunächst lediglich Gott oder, wie wir das nannten: manche begannen mit der Entdeckung von Gott Vater. Dann tauchte jeweils auch schon zweifelnde Verwunderung auf ob der Vielfalt der Religionen überhaupt und der Konfessionen innerhalb des Christentums. Wozu diese Teilung, fragte man sich, da doch Gott eins ist. Es gab deshalb auch Erfinder von „Universalreligionen", und ich kann mich erinnern, wie einer von ihnen in Leningrad verurteilt wurde; das war ganz am Anfang der religiösen Renaissance, in den frühen sechziger Jahren.

Doch im Laufe des geistigen Erwachsenwerdens entdeckte man den Leib und die Ganzheit des Christentums, und man nahm die Orthodoxie an, weil sie zweifellos stärker mit der russischen Geschichte und Kultur verbunden ist als die anderen christlichen Konfessionen. Zusammen mit der Form des Glaubens erlebte man einen eigenen Stil und seine Zugehörigkeit zum Volk Gottes und entdeckte die Kraft des gemeinsamen Gebets in der Kirche; man sah sich in die lebendige Kirchengeschichte und unter den Schutz der Heiligen gestellt und richtete sein Leben nach dem himmlischen Festkalender aus. Natürlich waren auch die Sakramente eine Offenbarung. Alles kann man vernichten und zerstören (was der atheistischen Macht bei uns auch beinahe gelungen ist), doch solange es die Sakramente gibt, überwältigen die Mächte der Hölle die Kirche nicht (Mt 16, 18). Bei uns bereitet man sich mehrere Tage auf die heilige Kommunion vor, indem man fastet, bestimmte Gebete sowie den Reuekanon liest und zur Beichte geht. Die heilige Kommunion ist der Höhepunkt des Lebens, und wir Gläubigen leben dort von Kommunion zu Kommunion. Sie ist die volle, reale Vereinigung mit Jesus Christus. Schreitet man zum Empfang der heiligen Gaben, sagt man bei sich: „Herr, es gibt kein solches Opfer, das ich für dich nicht vollbringen würde." Im Kloster hörte ich oft sagen, einmal das heilige Abendmahl zu empfangen reiche aus, um heilig zu werden. Die Kommunion vollzieht sich immer nur einmal im Leben! Und daß wir nicht heilig werden, liegt an unserer schlechten Vorbereitung auf dieses Sakrament.

Als ich Gott entdeckte – es war, als ich zum erstenmal in meinem Leben das Vaterunser las –, hatte ich von der Kirche noch keine Ahnung. Später begann ich Gottesdienste zu besuchen, verstand aber noch nichts von den Gesängen und von dem sich abspielenden Mysterium.

Dieses Wissen kann uns niemand rauben

Trotzdem war es für mich nicht schwierig, ins Leben der Kirche einzutreten. In den Monaten nach meiner Bekehrung lebte ich in einer derartigen Euphorie, daß für meine ganze Seligkeit es genügte, das Wort „Gott" zu vernehmen. Ich ahnte noch nicht, daß es in der menschlichen Kultur solche Worte, Gesten und Musik gibt, die eine Antwort auf Gottes Liebe und Schönheit darstellen. Ohne von der Liturgie irgend etwas zu verstehen, wurde mir beim ersten Betreten einer Kirche klar, daß die Kirche Gott mit derjenigen Schönheit antwortet, die er verdient. Ich wurde von der mystischen Tiefe des Gottesdienstes erfaßt und spürte mit meinem ganzen Wesen die Gewalt der das Gotteshaus erfüllenden geistigen Energie. Natürlich habe ich später alles dazulernen müssen – was ich bis heute tue.

Als ich am Anfang den Text der Gesänge noch nicht verstand, schnappte ich zufällig gewisse Worte und Sätze auf[4]: „Wohl dem, der nicht wandelt im Rat der Gottlosen" (Ps 1, 1), das frohlockende „Heilig, heilig, heilig ist der Herr

---

[4] Die liturgische Sprache der russisch-orthodoxen Kirche ist das Kirchenslawische, eine dem Russischen zwar verwandte, aber doch archaische und fremdartige Sprache, die dem heutigen russischen Gottesdienstbesucher ohne Vorkenntnisse nur ganz bedingt verständlich ist.

Gott Zebaot, Himmel und Erde sind erfüllt von deiner Herrlichkeit" oder das tiefgründige, weise „Ich bin das Abbild deiner unaussprechlichen Herrlichkeit, und ich trage auch das Geschwür meiner Sünden."

Die orthodoxe Liturgie ist unsere Theologie, unsere Ethik und unsere Ästhetik. In der Orthodoxie werden die Dogmen mit dem Herzen gelebt, und deshalb scheint mir heute sehr oft ein ungebildetes orthodoxes Mütterchen tiefer im Geiste verwurzelt als mancher westliche Theologieprofessor.

Beim Aufsagen des Glaubensbekenntnisses las ich anfangs über die Worte „Ich glaube an die eine, heilige, katholische und apostolische Kirche" hinweg; sie berührten mich nicht. Als ich dann später die Kirche mit dem Herzen entdeckt hatte, las ich die Stelle mit besonderem Nachdruck, und es drängte mich, dabei eine tiefe Verbeugung zu machen[5] – ich hatte nun verstanden, oder besser gesagt: erfühlt, was die Kirche ist.

Ich bin als Kind getauft worden; das geschah zufällig, waren doch meine Eltern nicht gläubig. Die Taufe nahm irgendein Bekannter vor, zu Hause, ohne Firmung (dieses Sakrament wird gewöhnlich gleich anschließend an die orthodoxe Taufe gespendet). Gefirmt wurde ich dann erst von meinem Beichtvater, als ich 27 Jahre alt war. Ich danke Gott dafür, daß er mich dieses Sakrament im vollen Bewußtsein von dessen Kraft hat empfangen lassen. Meine Begeisterung für Gott erhielt damit eine Stütze – die Firmung symbolisiert bei uns den Eintritt in die Kirche –, und ich hatte ein ganz klares Gefühl der Bestimmtheit. Diesen Aus-

---

[5] In den russischen Kirchen ist es Sitte, bei der gemeinsamen Rezitation des Glaubensbekenntnisses sich viermal – bei der Nennung der Gestalten der heiligen Dreifaltigkeit und bei der Erwähnung der Kirche – zu bekreuzigen und leicht zu verbeugen.

druck verwendeten die Starzen des Klosters Optina[6], wenn sie vom Leben des Christen sprachen. So schrieb Vater Makarij: „Wenn die Religion das wahre Licht für den Menschen selbst sein und ihr Licht auch auf den Nächsten fallen soll, muß in ihr unbedingt Bestimmtheit sein, die im genauen Verständnis der Wahrheit, im Unterscheiden der echten von der scheinbaren Wahrheit mithin, besteht. Der Erlöser sagt: ‚Die Wahrheit befreit euch' (Joh 8,32). Wer deshalb nach Bestimmtheit trachtet, gelangt zu einem tieferen Verständnis des Evangeliums und bringt Ordnung in seine Gedanken und Gefühle. Dann gelingt es auch, in sich selbst die richtigen und guten Gedanken und Gefühle von den falschen und nur scheinbar guten und unechten zu trennen."[7]

Bestimmtheit ist Kraft ohne Starrheit, Stärke ohne Gewalt, ist Vermögen, die Geister zu unterscheiden (1 Kor 12,10).

Das kirchliche Gebet und die in der Kirche erlebte Freude bewahren das Innenleben vor allem Zufälligen und Gekünstelten. Dieses Wissen wird uns nie jemand rauben können.

Frage: Du sagst, die Dogmen würden mit dem Herzen gelebt. Kannst du diesen Gedanken erläutern?

---

[6] Das Kloster Optina (Optina pustyn) war im 19. Jahrhundert und bis zur Revolution Zentrum einer Erneuerungsbewegung unter den russischen Klöstern. Optina wurde berühmt durch seine Starzen – geistliche Väter und Ratgeber – Lew, Makarij, Ambrosij u. a. (Letzteren hat Dostojewskij als Starzen Sossima in den „Brüdern Karamasow" porträtiert.) Optina machte sich auch durch die Herausgabe und Übersetzung der Kirchenväter einen Namen.
[7] Zitiert bei D. P. Bulgakow, „Das Kloster Optina als Wallfahrtsort russischer Schriftsteller" (russ.) (A. d. A.).

Antwort: Im allgemeinen sind in der Orthodoxie die Dogmen nicht rational abgefaßt. Sie wurden nur dann formuliert, wenn es darum ging, die Rechtgläubigkeit gegen Irrlehren zu verteidigen, wie das auf den ersten Konzilien der Fall war. Das augustinische „tolle et lege – nimm und lies" verwandelt sich in der Orthodoxie zum „veni et vive – komm und erlebe".

Vater Pawel Florenskij[8] schreibt dazu folgendes: „Das kirchliche Leben verinnerlichen und verstehen wir eben im Leben und nicht in der verstandesmäßigen Abstraktheit... Was ist Kirchlichkeit? Neues Leben, Leben im Geist... Die Orthodoxie wird erwiesen, nicht bewiesen. Deshalb gibt es für denjenigen, der sie verstehen will, nur ein Mittel: die direkte Erfahrung..."

Erfahrung gewinnen und sowenig wie möglich sprechen. Der heilige Gregorios Palamas hat einmal bemerkt: „Jedem Wort kann man ein anderes gegenüberstellen, doch kein einziges Wort kann sich mit dem Leben messen."

---

[8] Erzpriester Pawel Florenskij (1882–1943), einer der bedeutendsten russischen Theologen, war Mathematiker, bevor er 1911 Priester wurde. In seinem Hauptwerk „Der Pfeiler und die Grundfeste der Wahrheit" (1914) vertritt er den Gedanken, daß die Wahrheit der Dogmen nur durch lebendige religiöse Erfahrung zugänglich wird. – Seine enzyklopädische Bildung ließ ihn Forschungen auf den verschiedensten Wissensgebieten unternehmen. 1933 wurde er verhaftet und kam zehn Jahre später in einem Arbeitslager Nordrußlands um. Werke von ihm sind in den letzten Jahren von der russisch-orthodoxen Kirche in Moskau veröffentlicht worden.

Der Welt der Lüge entgehen –
die Flucht aus dem System

Frage: Du gehörst zu den Begründern des freien religiösen Seminars in Leningrad. Schon allein die Tatsache, daß solche in ganz Moskau und Leningrad bekannten Seminare existierten, war erstaunlich, gab es dabei doch Probleme in Hülle und Fülle, etwa dasjenige des Versammlungsortes. Jemand, der sein Zimmer oder seine Wohnung für solche „Ansammlungen" zur Verfügung stellt, riskiert besonders viel. Wo fanden eure Seminare statt?

Antwort: Wir trafen uns zunächst in der Wohnung der Physikerin Marina Nedrobowa – ich kann ihren Namen nennen, da auch sie jetzt im Westen lebt – und später in unserer geräumigen Wohnung „37", die sich in einem Kellergeschoß befand, das übrigens offiziell gar keine Wohnräumlichkeit war, so daß wir dort faktisch illegal lebten. In der Folge – wir hatten die „37" unterdessen verloren – verlegten wir die Seminare in die Wohnung des Soziologen Slava Dolinin – auch seinen Namen kann ich erwähnen, weil Slava bereits im Gefängnis sitzt –, der, wie manche von uns, seine gesellschaftliche Karriere aufgegeben hatte und einmal als Heizkesselarbeiter, ein andermal als Fahrstuhlführer oder als Nachtwächter arbeitete.

Oft versammelten wir uns auch an meinem Arbeitsplatz, nur daß in der winzigen Kammer unter der Treppe – dem Arbeitslokal des Fahrstuhlführers – nicht so viele Leute Platz fanden. Ich erinnere mich gut an diesen Nutzraum mit seinen abgenutzten, vollbespuckten Wänden, der uns durch seine Häßlichkeit und seine Verwahrlosung abstieß. Immer wenn ich Dienst hatte – dreimal pro Woche –, kamen neubekehrte Christen, lasen die Bibel, sprachen von ihren Angelegenheiten und von göttlichen Dingen. Jeder von uns bemerkte und erzählte den anderen mit staunender Freude und großem Ernst, wie der Heilige Geist in seinem Herzen wirkte. Wir redeten von unseren Versuchungen und zerknirschten uns in unserer Reue mit Zittern und Beben im Herzen – all das war ja neu! Wir begannen jeweils mit einem Gebet und sangen im Chor alles, was wir schon hatten auswendig lernen können: Psalmen, Wechselgesänge, Muttergotteshymnen, Teile aus der Liturgie. Mitunter beteten wir so lange, daß keine Zeit mehr für das Gespräch übrigblieb, doch konnte man das Gebet ja nicht einfach unterbrechen; es führte uns mit sich und brachte uns in seine Gewalt. In solchen Stunden verklärte sich der enge Raum, die Wände wurden wunderbar leuchtend, und die bis dahin unförmigen Gegenstände belebten sich.

Nachdem mich der KGB von meiner letzten akademischen Anstellung weggejagt hatte, fand ich eine Anstellung als Instruktorin beim Brandschutz – auch das ist eine Arbeit, die heute die Neubekehrten annehmen –, wo ich dreimal pro Woche Dienst hatte, d. h. Tag und Nacht am selben Ort saß; ich hatte einen Hungerlohn, brauchte aber auch nicht viel zum Leben. Schon dort wurde meine Tätigkeit von den lokalen Behörden aufgedeckt. Wenn sich in meinem Arbeitszimmer unser Seminar versammelt hatte und plötzlich Feuerwehroffiziere erschienen, trat ich stets zur Wand hin, wo die Feuerlöschgeräte hingen, und tat so, als ob ich gerade deren Funktionsweise erklärte. Einmal jedoch fand man während eines solchen Kontrollbesuchs auf meinem Tisch eine Bibel und ein Gebetbuch; zudem sahen meine Zuhörer gar nicht nach zukünftigen Brandwächtern aus...

In der Sowjetunion gibt es Gott sei Dank eine ganze Reihe von solchen schlechtbezahlten Berufen, die von „normalen" Leuten gemieden werden – deshalb hat es da immer freie Stellen für „Aussteiger" wie uns. Auf der Philosophischen Fakultät hielt man uns einst einen Vortrag über die Verbesserung des kulturellen Niveaus des sowjetischen Arbeiters in den letzten zehn Jahren. „Sehen Sie, früher haben die Arbeiter nichts gelesen, und heute", sagte der Redner, „kommt man in den Arbeitsraum eines Fahrstuhlführers oder eines Heizkesselarbeiters und trifft da nicht selten Leute, von denen der eine Platon aus dem Griechischen übersetzt, ein anderer philosophische Traktate verfaßt und ein dritter ganz in irgendwelche Formeln vertieft ist."

Die Flucht aus dem System vollzieht sich sehr oft ohne jeden Druck seitens des KGB, dann nämlich, wenn die Menschen es nicht mehr aushalten und der Welt der Lüge entgehen wollen.

Die Angst hat große Augen

Frage: Von euren Seminaren wußte „die ganze Stadt". In Leningrad hieß es damals, die nichtoffizielle Intelligenzija treffe sich an drei Orten: im Gerichtssaal bei den Verhandlungen gegen Dissidenten, auf den Flugplätzen beim Begleiten von Emigranten oder Ausgewiesenen und auf den religiös-philosophischen Seminaren. Wie war es möglich, ohne jegliche Genehmigung solche inoffizielle Versammlungen abzuhalten und auf ihnen erst noch von Gott zu sprechen?

Antwort: Ja, einige Leute waren der Meinung, man müsse uns sofort verhaften, und in der Stadt kursierten hartnäckige Gerüchte, wir seien bereits verhaftet. Als ich einmal einen alten Kommilitonen auf der Straße traf, sagte er erstaunt, ja geradezu verärgert: „Und ich dachte, du wärst im Gefängnis…"

Frage: **Warum verärgert?**

Antwort: Weil die Angst große Augen hat, wie es heißt. Das ist ja das Schreckliche am sowjetischen Leben, daß die Menschen diese ewige Angst liebgewonnen haben und nicht mehr die geringste Abweichung von der Norm sehen wollen. Irgendwelche Leute hielten uns gar für Provokateure und Spitzel, und der KGB verbreitete das Gerücht, unser Seminar sei dazu geschaffen worden, um die aktiven Christen anzulocken und dann alle auf einmal zu verhaften. Leider lebt der Mensch dort unter solchen Bedingungen, daß sein inneres Gefängnis manchmal ausbruchsicherer ist als ein äußeres.

Man durfte das alles gar nicht beachten, sonst hätte ganz einfach weder die Kraft noch die Zeit ausgereicht für das positive, christliche Tun.

Aber warum verhaftete man uns denn nicht? Das ist schwer zu sagen; da der Staatssicherheitsdienst seine eigenen, oft absurden Gesetze hat, kann man nur Vermutungen anstellen. Uns mag unsere fehlende Ernsthaftigkeit geholfen haben. In den Augen des KGB waren wir Vollidioten. Erstens bedienten wir uns einer Sprache, an der nichts vertraut war. Hätten wir einfach die Sowjetmacht kritisiert, wäre das einsehbar und verständlich gewesen. Doch lag unsere Sprache jenseits des Gegensatzes sowjetisch-antisowjetisch. Zweitens standen wir als vom System Verworfene oder daraus freiwillig Ausgeschiedene Werten wie Karriere, Wohnung, Datscha, Importkleidern usw. gleichgültig gegenüber, Dingen also, die jeder „Normalbürger" zu schätzen weiß. Für den KGB und für nicht wenige unserer Eltern waren wir verrückt, verzichteten wir doch auf alle sozialen Möglichkeiten, um uns mit Dummheiten abzugeben, die zudem nicht ungefährlich waren.

Was uns betrifft, sahen wir auch uns selbst nicht ohne

Humor, nahmen die auftauchenden Schwierigkeiten nicht allzu ernst und machten kein Drama aus unserem Schicksal. Obwohl wir natürlich von der Heiligkeit der Narren in Christo noch weit entfernt waren, spürten wir, daß die „göttliche Torheit weiser denn die Menschen und die göttliche Schwachheit stärker denn die Menschen" (1 Kor 1,25) war.

Wer wirklich glaubt, der langweilt sich nie

Frage: Gewöhnlich wird die Kirche nur als eine konservative Institution und das Christentum gar als die konservativste aller Lehren angesehen. In der westlichen Philosophie verband sich der Kampf für das Neue gleichsam automatisch mit dem Kampf gegen die Kirche. Die Denker, die als erste von der Notwendigkeit der Schaffung des Neuen sprachen – wie Francis Bacon in seinem „Novum organum" –, gingen von empirischen Voraussetzungen aus und bekämpften die Scholastik, die mit Aristoteles geglaubt hatte, die Welt sei vollkommen und ewig[9]. Ist das Christentum dem Neuen gegenüber feindlich eingestellt, und wenn nicht, wie ist dieses Neue mit der Tradition vereinbar?

Antwort: Ich antworte darauf mit einer Formel des orthodoxen Theologen Wladimir Losskij (1903–1958), der schreibt, das Christentum sei die Spannung zwischen dem Wirken des Sohnes und dem des Heiligen Geistes, die Spannung zwischen dem Vollbrachten und der Erwartung des zukünftigen Reiches.

---

[9] Siehe dazu Hans Blumenberg, Die Lesbarkeit der Welt, Frankfurt a. M. 1981 (A. d. A.).

Tatsächlich ist in Christus bereits alles vollbracht, und er hat die Welt bezwungen, doch wirkt der Heilige Geist durch seine Heiligen, durch jeden von uns und durch das ganze Universum auch weiterhin in der Kirche. Er versöhnt, tröstet und „macht alles neu" (Offb 21, 5).

In der Orthodoxie nimmt der Heilige Geist eine ganz hervorragende Stellung ein. Jedes Gebet beginnt mit einer Anrufung des Heiligen Geistes, ohne den nichts unternommen werden kann. Ohne ihn gäbe es auch kein Leben; im Gebet zum Heiligen Geist wird dieser „Lebensspender" genannt. Ich erinnere mich nicht genau, aber es war, glaube ich, bei einem Scholastiker, wo die Funktion des Heiligen Geistes sich darauf beschränkte, Vermittler zwischen Vater und Sohn und gleichsam die Liebe der beiden anderen Personen der heiligen Dreifaltigkeit zu sein. In der Orthodoxie dagegen verbindet der Heilige Geist Gott mit der Welt – durch ihn tritt die heilige Dreifaltigkeit in die Welt hinaus.

Zum Verhältnis zwischen dem Neuen und der Tradition: Hier gibt es natürlich keinerlei doppelte Negation und auch keine Hegelsche Dialektik. Jedesmal wird die Tradition als Ganzes neu geschaffen, nicht blind oder mechanisch, sondern als eine schöpferische Wiederholung. Gerade im heutigen Rußland ist das ganz klar zu beobachten: Menschen, die ihr ganzes Leben lang das Neue suchen und die buchstäblich dem Kult des Schaffens und des Neuen huldigen, finden dieses in der Liturgie des heiligen Chrysostomos, in den Kirchenvätern des 4. Jahrhunderts, in Werken also, die als erzkonservativ erscheinen mögen. Doch sind die herkömmlichen Kategorien „konservativ" und „progressiv" darauf ebensowenig anwendbar wie auf das Evangelium.

Ja, in der westlichen Philosophie wird das Neue bis auf den heutigen Tag unter dem Banner des „Empirismus" verteidigt, wie beispielsweise der zeitgenössische französische Philosoph Deleuze sein Denkgebäude nennt. In seinem

Buch „Differenz und Wiederholung" schreibt er von der schöpferischen Wiederholung, die er der Hegelschen – und der rationalistischen – Verallgemeinerung entgegensetzt: „In der Verallgemeinerung sind die Bestandteile auswechselbar, in der Wiederholung nicht." (Daher auch der „Empirismus", der die Einzigartigkeit des einzelnen bewahren soll.) Als Beispiele einer solchen Wiederholung führt er Kierkegaard, Nietzsche und Péguy an, Denker, die gemäß Deleuze keine Metaphysiker waren, sondern „die Metaphysik in Bewegung setzen und aktivieren" wollten.

Ein Beispiel für „schöpferische" Wiederholung ist für Deleuze auch das Fest, dieses „Paradox der Wiederholung des Unwiederholbaren". Als ich in meiner Lektüre an dieser Stelle angelangt war, dachte ich einen Augenblick lang, Deleuze spreche jetzt von der Kirche und von der Liturgie, ist doch gerade sie auf einem solchen Paradox gegründet. In der Liturgie gibt es keine Wiederholung; alles geschieht nur einmal, wie ja auch unser Herr Jesus Christus nur einmal starb und von den Toten auferstand. Und trotzdem wiederholt sich die Liturgie jeden Tag. Als Gläubiger langweilt man sich in dieser immer wiederkehrenden Feier nie. Doch sprach Deleuze dann anstatt vom liturgischen Fest von irgendeinem „echten Theater": Offensichtlich taucht das Christentum in Deleuzes Gesichtsfeld gar nicht auf. Die modernen westlichen Intellektuellen haben die christliche Tradition ganz schön tief begraben, so daß man jetzt die Wahrheit überall sucht, nur nicht im Christentum.

Doch auch hier gibt es Wandlungen, wie etwa das Beispiel der 1968er Generation, der „Maokinder", zeigt, die wenn nicht die Kirche, so doch schon die Bibel entdeckt haben, was bei Leuten wie Lévy, Glucksman, Lefort, Arrabal und Sollers der Fall ist.

Rationalistisches Gerede übertönt das Schweigen

Frage: Dich beschäftigt gegenwärtig das Thema der christlichen Torheit, und du schreibst auch darüber. Wie kam es denn dazu, daß du dich gerade im Westen dafür begeistert hast?

Antwort: Die günstigste Atmosphäre für das Leben der Kirche ist offensichtlich die Verfolgung. Versteh mich recht, ich bin nicht zynisch, und ich meine, daß Leiden schlecht ist und durch das Schlechte nicht das Gute zu erreichen versucht werden darf. Doch wenn die Kirche verfolgt ist, entgehen die Gläubigen der Gefahr der Sorglosigkeit, der Indifferenz und der Oberflächlichkeit.

Im Westen gibt es in der temperierten und wohlanständigen Stimmung des rechtschaffenen Kirchenlebens keinen Platz mehr für Sonderlinge, Originale und Gottesnarren. Der gesunde Menschenverstand hat hier längst das Geheimnis abgelöst, Pharisäertum hat den Glauben des Zöllners und der Armen verdrängt; rationalistisches Gerede übertönt das Schweigen und das, was noch tiefer ist als Schweigen, nämlich das näselnde Stammeln der Gottesnarren.

Mit dem Geheimnis ist auch der „innere Mensch" verschwunden, da der Komfort „die einzige Sehnsucht", das echte Leiden – das Leiden für Gott – und den echten Festtag, weggedrängt hat. Wer in diesem Leben schon nichts mehr hat, woran er sich klammern könnte, und wer an der Grenze zum Leiden steht, ist Gott gegenüber offen und bereit zum Dialog mit ihm. Viele glauben, ihren Lebensüberdruß durch äußere Geschäftigkeit überspielen zu können, doch hilft das nicht. Im eindimensionalen Politisieren wird die Seele schwer, hart und stumpf. Gott dagegen gefällt die Dynamik unseres Lebens und nicht ein tödliches Verharren im Banalen. Die Rückkehr zu Gott und zur Geistigkeit ist nur durch den Wagemut der Heiligkeit möglich.

Weiter haben schon viele vor mir bemerkt, daß heute im Westen in besonderem Maße der Humor aus dem Leben verschwunden ist. Im Scheinpessimismus der völlig weltlichen Angst vor einer nuklearen Katastrophe und im Scheinoptimismus der politischen Bewegungen ist der Geschmack für Fröhlichkeit und Humor verlorengegangen. Schaut man sich am Fernsehen die Gesichter der Politiker an und hört man ihre Geplänkel, gibt es da nur Sticheleien, Verbitterung und Kränkungen, aber keinen Humor, wozu Distanz zu sich selbst nötig wäre.

Wie hat doch Heinrich Böll gesagt: „Da er optimistisch ist, fehlt dem Fortschritt jeglicher Humor."

Um den Humor wieder in sein Leben einzuführen, muß sich der Mensch vom einseitigen Ideologisieren sowie von der Angst losmachen, die ihn gefangenhält. Werner Lauer hat bereits den Gedanken geäußert, der Humor verschwinde, wenn der religiöse Kern weg sei. Heilige sind frei von Ängsten und Ideologien, und ihre hohe Spiritualität läßt sie die Welt und auch sich selbst mit Humor erleben. Die Gottesnarren nun treiben die Eigenschaften der Heiligkeit zu einer paradoxen Zweiheit, da sie gleichzeitig lächerlich und ernst, geheimnisvoll und nichtig, weise und unvernünftig sind. Deshalb bringt uns das Thema des Gottesnarrentums in die Nähe vieler Probleme, die uns heute das religiöse wie auch das laizistische Denken aufgeben – man denke nur etwa an das Interesse für die Verrücktheit in der französischen Philosophie und Literaturkritik oder an das Thema des Lachens bei Bataille, Bachtin und Cox.

Humor und Ernst

Frage: Du nennst den Namen Harvey Cox, den Autor des Buches „Das Fest der Narren"[10]. Offensichtlich finden sich dort Gedanken, die dir nahestehen. Bist du mit allem einverstanden?

Antwort: Cox hat ein feines Gespür für den Krisenzustand der Kirche, den er an der Tatsache abliest, daß es keine Feste mehr gibt: „Unsere Zivilisation hat die Kraft, zu feiern und zu phantasieren, verloren." Und weiter: „Warum konnten die Tugenden der Nüchternheit und der Sparsamkeit, des Fleißes und der Strebsamkeit ein solches Ansehen auf Kosten anderer Werte erlangen? Warum verfielen Heiterkeit, Spiel und Festlichkeit im protestantischen Zeitalter einer so ätzenden Kritik? (...) Unser Feiern verbindet uns nicht mehr wie früher mit der großartigen Entfaltung der kosmischen Geschichte oder mit den großen Geschichten vom geistigen Ringen der Menschheit."

Nostalgisch beschreibt Cox frühere Zeiten: „Es gab eine Zeit, als man Visionäre heiligsprach und sich für Mystiker begeisterte. Heute lernt man nur noch ihre Namen und belächelt oder kritisiert sie."

Mir gefallen diese Gedanken von Cox, nur würde ich das kirchliche Fest nicht mit Phantasie gleichsetzen. Das Christentum ist weder Kunst noch Theater, und seine Unvernunft hat nichts Poetisches (obwohl die Poesie sowohl in der echten Theologie als auch im christlichen Feiertag eine wichtige Rolle spielt: es ist die vollkommenste und schönste Dichtung, die die Menschheit je gekannt hat). Die Realität des christlichen Glaubens ist weit fesselnder und dramatischer als jede Phantasie.

---

[10] Harvey Cox, The feast of fools, 1969; dt. Das Fest der Narren, 1977.

Daneben ist Cox' Buch voll literarisch-romantischen Entzückens; man sieht, daß ihm die echte Mystik fernliegt und er noch nie einen Gottesnarren angetroffen hat, was übrigens heutzutage im Westen tatsächlich beinahe unmöglich ist. Für Cox heißt „zum Fest zurückkehren" soviel wie vor der Wirklichkeit in die Phantasie fliehen. Als Heilmittel gegen die Langeweile des modernen Lebens preist er nicht geistigen Realismus, sondern Träumerei an, nicht Wahrheit, sondern Mythos. Diese Mittel heilen jedoch nicht, sondern zerstreuen nur und sind nicht imstande, die echte, tiefe Festtagsfreude wieder entstehen zu lassen.

Cox selbst gibt ja zu, daß er sich nach dem „Echten" sehnt: „So sehnen wir uns denn nach freudiger Unmittelbarkeit. Wir möchten glauben, doch sind wir unfähig dazu." Und: „Unsere Beziehung zum Glauben ist durchschautes Spiel und Komik... Unsere Fähigkeit, gleichzeitig zu lachen und zu beten, ist ein unschätzbares Gut." Diese Behauptung zeigt, daß Cox weder die Natur des Gebets noch die des geistigen Weges begreift.

Der geistige Weg ist nicht die Summe der negativen – Lachen – und der positiven – Gebet – Eigenschaften. Es ist ein Weg äußerster Ernsthaftigkeit, auf dem jeder Schritt „um den Preis des Todes" erreicht wird. Die christlichen Asketen sehen in der Wahrheit nicht eine versöhnende Synthese, sondern die „enge Pforte" (Mt 7,14). Jeder Zweifel auf diesem Weg, jede Unklarheit und Zweideutigkeit ist für den Asketen das Zeichen dafür, daß mit seiner Spiritualität etwas nicht stimmt. Das heißt nicht, daß der geistliche Mensch nicht ironisch ist, nie lacht und stets finster dreinschaut, nein, denn zum Humor ist er mehr noch als der weltliche Mensch fähig. Das heißt lediglich, daß die Sphäre der „Mystik" ihre eigenen, von denen der Hegelschen Philosophie sich unterscheidenden Gesetze hat und daß eine Kunst und eine Kultur des Gebets existiert.

Über die Eitelkeit der Welt und über sich selbst macht sich der Asket nicht weniger lustig als andere Menschen, doch zum Gebet braucht er Konzentration und Ernst.

Cox spricht von der Sattheit und der Langeweile der kapitalistischen Welt, aber er opfert selbst dieser Kraftlosigkeit und diesem modernen Komfort das letzte Stück Leben, nämlich das Gebet. Dieses kann seiner Natur gemäß nicht Übersättigung sein, da es äußerste Anspannung verlangt, die nicht neurotisch, und Ernst, der nicht schwerfällig und stumpf ist.

Der Mythos
von der harmonisch entwickelten Persönlichkeit

Frage: Wie verhält sich die Vorstellung von der Persönlichkeit zur „engen Pforte" der Askese? Als du noch nicht bekehrt warst, interessiertest du dich als Studentin der Philosophischen Fakultät der Universität Leningrad für die modernen Persönlichkeitskonzepte. Was hat sich diesbezüglich seither an deiner Einstellung geändert?

Antwort: Eine der größten Gefahren für den heutigen Menschen ist die der breiten Pforte, der großen Straße, die ins Verderben führt. Diese Gefahr bedroht unsere Zeitgenossen in Europa und in Rußland gleichermaßen. Ihr liegt ein falsch verstandenes Ideal des Menschen zugrunde. Die sowjetische Interpretation dieses Ideals lautet, der Kommunismus gehe von der harmonisch entwickelten Persönlichkeit aus. Unter dieser Persönlichkeit versteht man eine sowjetische „Marta", welche die dem bürgerlichen Individuum eignende Einseitigkeit der „professionellen Idiotie" (Marx) überwindet. Marta sorgt und kümmert sich um manches: Sie weiß Arbeit mit Ausbildung und diese wiederum mit Öffentlichkeitsarbeit und Sport zu verbinden. Natürlich ist das nur ein sowjetisches Propagandaklischee, denn die tatsächliche sowjetische Marta wird von einer Menge Sorgen unterjocht und erdrückt: Sie arbeitet und lernt in der Tat gleichzeitig, „daneben" steht sie aber noch täglich stundenlang Schlange, wird mit ihrem Kind auf dem Arm im überfüllten Bus durcheinandergerüttelt und muß zu Hause ihren ewig betrunkenen Mann wieder auf die Beine stellen. Man fragt sich, wo denn da die Harmonie ist. Aus dem Menschen macht man auf diese Weise den Sklaven von einem Haufen Verpflichtungen, und wenn er es nicht mehr aushält, fällt das ganze Leben in sich zusammen.

Der Begriff der „harmonisch entwickelten Persönlichkeit" geht auf die Aufklärung zurück und ist nicht nur ein sowjetischer Mythos. Eigentlich taucht er schon früher auf, wenn wir an das Menschenideal der universalen Talente und Leistungen denken, das uns die „Titanen" der Renaissance Leonardo da Vinci, Michelangelo und andere darstellten. In der Philosophie Kants, die viele aufklärerischen Vorstellungen zum Abschluß bringt, wird das „transzendentale Ideal des Menschen" – mit anderen Worten der Begriff der vollkommenen Persönlichkeit – als die Persönlichkeit verstanden, die „über eine unendliche Anzahl von Möglichkeiten verfügt".

Man kann ohne zu zögern sagen, daß diese unseren Ohren so vertrauten Aussagen und Vorstellungen über Universalität und Ganzheit die Grundlage bilden für die Schaffung jener völlig freien und neurotischen Persönlichkeit, von der Graf Yorck gesagt hat: „Seit der Renaissance ist der europäische Mensch zum Absterben verurteilt."

Die „unendliche Anzahl von Möglichkeiten" – wer außer dem Neurotiker verfügt denn darüber? Dieser bleibt ja ewig ein Kind und existiert nur in der Möglichkeit, nie aber in der Wirklichkeit. Er ist „unendlich" nur in dem Sinne, als er keine entschiedenen und bestimmten Handlungen vollbringt und nicht in die Realität einzudringen vermag. Nur die Realität vermittelt das Gefühl der Grenze.

War zu Zeiten der Aufklärung und Kants der „Mensch mit der unendlichen Anzahl von Möglichkeiten" noch ein prestigebeladener Titan, änderte sich seine Lage zusehends von einem Jahrhundert und von einem Jahrzehnt ins andere. Der Prometheus steht plötzlich ohne seine Heldenmaske da, und dahinter können wir nun mit eigenen Augen die infantile Grimasse des Neurotikers erkennen. Der Titan bildet sich zum Embryo zurück und durchläuft dabei einige Stadien und Kulturepochen, in denen sich die Demontage dessen beobachten läßt, was anfänglich noch inspiriert und beflügelt hatte: die Verzauberung der Möglichkeit.

In der Romantik blieb die Möglichkeit noch, was sie war; sie berauschte wie ein Traum und begeisterte wie die Phantasie. Es war indessen klar, daß der romantische Held sein Ideal kaum je in die Tat umzusetzen wüßte und die Möglichkeit nicht Gestalt annehmen würde, da das Leben der Möglichkeit ein Ende zu machen pflegte „wie die Ehe der Liebe".

Später, zur Zeit Hegels und Kierkegaards, wurde die Möglichkeit in ihrem „ästhetischen" Kontext als gleichgültiges, beinah zynisches „Entweder-Oder" aufgefaßt.

Im Lande des siegreichen Hegelschen Positivismus schließlich hörte die Möglichkeit überhaupt zu bestehen auf, genauer gesagt, blieb einzig und allein die Möglichkeit übrig (die, welche nie Wirklichkeit werden kann).

Von Kindesbeinen an wird einem in jedem Land eingeflößt, der Mensch sei für die Freiheit geschaffen wie der Vogel zum Fliegen, wobei aber in der Sowjetunion jeder

Schüler weiß, daß diese Worte als blanke Ironie zu verstehen sind. So ist schließlich der von Kierkegaard und vom späten Schelling theoretisch entlarvte Hegelsche Ästhetismus in der Praxis durch die Schaffung eines totalitären Staates Lügen gestraft worden.

Die Wirklichkeit der „engen Pforte"

Die christliche Freiheit ist die Freiheit der Wirklichkeit – nicht der Möglichkeit –, und zwar der Wirklichkeit der „engen Pforte". Die Geschichte der europäischen Philosophie zeugt von einem fortschreitenden Vergessen der „engen Pforte" und vom formenreichen, verschiedenartigen Aufblühen der weiten Pforte.

Natürlich kann man einwenden, die Suche nach einem ganzheitlichen, ungeteilten und intakten Menschen sei auch dem Christentum eigen, heißt es doch gerade von den Dämonen, sie seien Legion (Mk 5,9). Am Streben nach einer allseits geformten und harmonischen Persönlichkeit ist nichts Schlechtes, wenn wir es durch das Evangelium überprüfen und wir dabei „die Geister unterscheiden".

Auch hier sind die verschiedensten Irrungen möglich. So zum Beispiel, wenn unter Ganzheit die Einheit von Leib und Seele verstanden wird – „mens sana in corpore sano – ein gesunder Geist in einem gesunden Körper". So sprechen bei uns Leute, die gewohnt sind, sich geistig zu nennen. Vor meiner Bekehrung zum Christentum hieß für mich ein geistiger Mensch sein soviel wie geduldig in allem und allen gegenüber sein und Fähigkeit zur Selbstironie aufbringen. Denn auch unter Atheisten werden in der Sowjetunion die Worte „geistlich, geistig, im Geiste lebend" als höchstes Kompliment gebraucht. Ein geistiger Mensch war für uns einer, der über die Masse hinausragte; alle anderen waren langweilige, ewig verängstigte, geistlose Bourgeois.

So dachten wir, als wir noch nicht wußten, was der Glaube war; unsere snobistische Überheblichkeit und unsere Begriffsverwirrung waren nicht erstaunlich. Erstaunlich hingegen ist die Tatsache, daß es eine Riesenmenge von Christen gibt, die ebenfalls den evangelischen Aufruf, die „enge Pforte" und nicht die weite zu passieren, mißachten. So wie wir damals, verstehen sie die Ganzheit als Erweiterung des Leiblichen zum Geistigen, und der Geist ist für sie eine Sublimierung des Leibes. Das Geistige jedoch erreichen sie nicht, sondern bleiben Sklaven dieser Welt mit ihren jeweiligen Launen, Gefühlsregungen und Leidenschaften. Wenn auch mitunter das Wort „Geist" aus Gewohnheit noch in den Mund genommen wird, so ist der Inhalt dieses Wortes längst verloren. Im europäischen Bewußtsein ist der Geist zu einer leblosen, trockenen Abstraktion geworden, zu einer Art transzendentalen Illusion. Der ganzheitliche Mensch, der anscheinend Leib und Geist vereinigt, ist jetzt ein selbstzufriedenes, verschlossenes, Reue weder benötigendes noch dazu fähiges, kurz ein verkommenes Wesen.

Für den modernen europäischen Menschen sind die Energien des Lebens verschiedene Umstände, politische und wirtschaftliche Interessen, psychologische Konflikte, aber keinesfalls das Taborlicht und auch nicht die göttlichen, unerschöpflichen Energien, von denen der heilige Gregorios Palamas sprach. Der Geist spendet hier nicht nur kein Leben, sondern wird selbst von den niederen Sphären – den leiblichen und seelischen Energien – gespeist.

Immer häufiger werden in unserer Zeit Stimmen laut, die nicht zur Pseudoharmonie und Pseudoeinheit aufrufen, sondern zur „Unterscheidung der Geister". Der Weg zur Auferstehung des ganzheitlichen Menschen, der Weg zur wahren – nicht zur verderblichen „breiten" und neurotischen – Ganzheit ist der Weg der Askese, des geistigen Kampfes und des Opfers. Was ist die Askese anderes als die Befreiung von sich selbst für Gott? Der Weg der Wahrheit ist schmal; es ist der erhabene Weg der Glaubensstreiter und der Heiligen. Ihn sind alle Heiligen, ihn ist auch die Muttergottes gegangen.

Politik und Mystik

Frage: Du warst auch eine politisch aktive Christin. Wie verhalten sich deiner Meinung nach Geist und Politik zueinander? Kann man sagen, diese beiden Größen seien zwei voneinander losgelöste – eventuell gleichwertige – Ebenen der Existenz? Oder meinst du, ein Christ solle sich nicht mit der „schmutzigen" Politik abgeben? Wie und warum bist du politisch aktiv geworden?

Antwort: Mein Weg hat mich nach und nach zur sozialen und politischen Wirklichkeit hingeführt. In den ersten Monaten nach der Bekehrung wollte ich natürlich mit „weltlichen Dingen" nichts zu tun haben. Ich befand mich in einem außergewöhnlichen und wunderbaren Zustand der Begeisterung, der Seligkeit und der Versöhnung mit allem, so daß ich irgendwelche Einzelprobleme und Unzulänglichkeiten ganz einfach übersah. Die Hauptsache hatte sich mir offenbart – es gibt das Himmelreich, und alles andere wird uns zufallen (vgl. Mt 6, 33) und sich von selbst ergeben –, und das Wichtigste war mir klar: Wir sind erlöst oder können erlöst werden, und wir werden von Ihm geliebt. Was bedeuteten angesichts dieser Heilsoffenbarung alle Alltagssorgen, Ungerechtigkeiten, äußeren und vergänglichen Leiden? Wir wollten sogar leiden, erstens um die Sünden der Vergangenheit zu tilgen und zweitens um Ihm zu zeigen, daß wir Ihn liebten und daß wir nicht nur Seine Knechte, sondern auch Seine Kinder waren.

Eine neue, herrliche Welt hatte sich uns geöffnet, die nichts mit jener erbärmlichen, sklavisch-materialistischen, platten und feigen Welt verband, in welcher die Menschen lebten, die Gott nicht erkannt hatten, was ja vor kurzem auch unser Fall gewesen war.

Das Böse bemerkten wir nicht, doch hatte diese selige Unwissenheit bald ein Ende. Solange man Leute verhaftet, die dir fernstehen, kannst du noch so weiterleben, als sei nichts geschehen. Doch da verhafteten sie eines Tages einen Menschen, der mir sehr nahestand, den neubekehrten religiösen Maler Wadim Filimonow.

Das kam so. Im Jahre 1975, zum 150. Jahrestag des Dekabristenaufstandes, beschlossen wir, in Leningrad parallel zu den offiziellen Feiern dieser ersten russischen Revolutionäre eine spontane, freie Demonstration durchzuführen. Wir hatten keine klare Vorstellung vom Programm, und die Kundgebung war natürlich naiv und untauglich vorbereitet, und doch war es ein Anfang, denn früher hatte man in Leningrad von solchen freien Kundgebungen nie etwas gehört. Jemand schlug vor, auf dem Dekabristenplatz Verse vorzutragen, ein anderer plante, Bilder mitzubringen: Eine neue, nichtoffizielle Kultur wollte auf irgendeine Weise ihre Freiheit beweisen. Von dieser Demonstration wußte zum voraus das ganze „alternative" Leningrad ... und natürlich auch der KGB. Es wäre auch völlig nutzlos gewesen, sich vor den Sicherheitsorganen verstecken zu wollen, besaßen sie doch eine derartige Erfahrung und ein so dichtes Netz von Spitzeln, daß sie mühelos auch viel kleineren Unternehmungen auf die Spur kamen. So wurden denn bereits am Vorabend der Demonstration elf der Organisatoren (darunter auch ich) vom KGB verhaftet. Einzig den Hauptinitianten Filimonow fanden sie noch nicht. Dieser erschien tags darauf Punkt zwölf Uhr mittags wie verabredet auf dem Platz und wurde sogleich festgenommen. Als man ihn zum Geheimdienstwagen schleppte, gelang es ihm, ein Spruchband – „Für einen Augenblick der Freiheit gäbe ich mein ganzes Leben" – in die Newa zu werfen, das er unter seinen Kleidern verborgen gehalten hatte und das nun malerisch in den Fluten verschwand. Einige Zeit später verschwand hinter dem Stacheldraht des Gulag auch sein Autor Wadim Filimonow.

Als ich von dieser Verhaftung erfuhr, erwachte in mir so etwas wie ein soziales Gewissen. Von nun an nahm ich nicht mehr nur das geistige, sondern auch das politische Böse ernst. Gewiß, der Christ hat nicht das Recht, Leiden zu fliehen; es steht ihm nicht zu, Gefängnis, Verbannung und Demütigungen zu fürchten und sein Unglück zu beklagen. Meister Eckhart sagt: „Der Ritter kann nicht über seine Wunden klagen, wenn der König verwundet ist."

Wenn aber dein Nächster leidet und neben dir ein völlig unschuldiger Mensch gequält wird? Kannst du dir diese Leiden mit stoischer Ruhe ansehen, und hast du das Recht, ruhig und gleichgültig zu bleiben? Natürlich nicht, denn das Wichtigste am Christentum ist die Liebe.

Ich würde aber trotzdem nie die sogenannten passiven, sich aus der Politik heraushaltenden Christen verurteilen, deren es bei uns viele gibt, bei weitem mehr als christliche Dissidenten. Sie gehen zur Kirche, beten allein oder im Familienkreis, lesen keine Zeitungen und besuchen keine Politversammlungen. Manche von ihnen haben ihre frühere akademische Stelle aufgegeben und statt dessen eine physische, „schweigende" Arbeit angenommen, deren Auskommen nur für das Lebensnotwendigste reicht. Das Christentum dieser Menschen, die dem Kaiser geben, was des Kaisers ist, und Gott, was Gottes ist, darf nicht als ängstlich oder „partiell" angesehen werden. Sie sind mit der Welt und all deren geschichtlichen Tragödien durch das Gebet verbunden und durch die Kirche, die für alle leidet und in der alle sterben und real auferstehen.

In unseren russischen Klöstern ertönt in den Wechselgebeten die Bitte „für alle", und wir wissen, was das für ein Gebet ist und welche Macht es besitzt. Manchmal kann man von Atheisten folgende Kritik hören: Eure Mönche und Starzen wehren sich nicht aktiv gegen das Böse, sondern fliehen in ihre Gebetsgeborgenheit, haben Angst vor der Welt und retten nur sich selbst. – Nichts ist unsinniger als diese Vorwürfe, die vom Verständnis des geistigen Realismus des Gebets weit entfernt sind.

In den Klöstern wird der härteste aller Kämpfe ausgetragen, der Kampf zweier Geister, des Geistes der Wahrheit und des Geistes des Todes, und die Mönche sind die furchtlosesten Streiter der Welt.

Doch der rein beschauliche Weg des Mönchtums ist nicht allen gegeben. Es gibt Menschen mit anderem Temperament und mit einer anderen Lebensaufgabe, die aktiv in der Welt draußen als Christen auftreten und „Politik machen".

Natürlich ist die Politik diejenige Sphäre des Lebens, wo die Leidenschaften besonders stark sind, wo Erfolgsstreben, Stolz, Eitelkeit und Aggressivität herrschen. Deshalb hat man als Christ besonders Buße zu tun und stets darauf zu achten, daß man nicht allzusehr „parteilichen" Einzelinteressen dient, sich im Kampf für die „Gerechtigkeit" nicht verblenden läßt, daß man mit der Errichtung des Paradieses auf Erden nicht eilt und man sich nicht herausnimmt, allzukühn im Namen aller „Unterdrückten und Armen" zu sprechen.

Im Westen sind das Erfolgsstreben und die Politisierung des Christentums stark verbreitet. Ich habe auch schon sagen hören, Mystik und Politik seien zwei gleich wichtige und gleich unabdingbare Parallelen im Leben des Christen.

Diese Aussage ist im Munde eines Orthodoxen unvorstellbar. Alles, was im Leben des Christen geschieht, muß vom inneren Licht und der Kraft des Gebets und der Liebe durchdrungen sein, einer Kraft, die vom Herzen ausgeht und nicht von politischem Kalkül. Der Christ kann gut nicht Politiker sein; Mystiker sein aber muß er. Nur die unablässige Läuterung seiner Seele durch Reue und innere Sammlung kann ihn selig machen. Der Lärm der Welt darf die Stille des Herzens nicht zerstören, denn nur in ihr kann Gottes Wort ertönen.

Halte deinen Verstand in der Hölle, verzage nicht!

Heute reise ich viel umher und halte Vorträge. Mich frappiert und freut das Interesse am Thema „Die russische Kirche"; die Säle, in denen ich spreche, sind meistens überfüllt, und die Leute hören sehr aufmerksam zu. Natürlich kommen einige auch aus Neugierde, und manchmal schmerzt es mich sehr, in gleichgültige und satte Gesichter zu blicken, die meinen Vortrag ruhig vor sich hin konsumieren. Doch daneben gibt es in jedem Saal mindestens drei oder vier strahlende Gesichter, die Kraft und Energie auf mich übertragen.

Die Gebete meiner vielen Freunde in Ost und West helfen mir, in jeder gespannten Lage frei und in jedem Opfer beflügelt zu sein und die Arbeit in paradiesische Freudigkeit umzuwandeln. Wie der Starez Siluan vom Berg Athos sagte: Halte deinen Verstand in der Hölle, und verzage nicht!

II. Zynismus,
Torheit
in Christo und Heiligkeit

Zynismus entspringt der höllischen Langeweile

Unsere Zeit nennt man oft die Epoche des Post-Nihilismus. Die Worte des großen Nihilisten Nietzsche „Gott ist tot", „Die Wüste wächst" tönen für uns schon zu romantisch; schon haben die Philosophen aufgehört, die Furcht vor dem Nichts zu erörtern, und es fehlt ihnen der frühere Mut, zur radikalen, letzten Entscheidung aufzurufen. Der Post-Nihilismus ist bescheidener und unsicherer als der Nihilismus, hoffnungsloser und zynischer auch. Die Philosophie der post-nihilistischen Epoche macht aus dem Zynismus offenbar ihr zentrales Problem.

Über den Zynismus werden Bücher geschrieben, die die Atmosphäre des geistigen Lebens im Westen bestimmen, wie Deleuzes „Anti-Ödipus", Glucksmans „Zynismus und Leidenschaft", Sloterdijks „Kritik der zynischen Vernunft".

Zynismus entspringt der Langeweile, einer höllischen Langeweile. Daß die Natur der Langeweile mit der Hölle verwandt ist, wußten die russischen Schriftsteller. In der russischen Literatur ist die Langeweile ein Anzeichen der Hölle. Dem Teufel fehlt jegliches schöpferische Prinzip, und alle seine Scheußlichkeiten und Verbrechen bringen überhaupt nichts Neues. Bei Dostojewskij sagt der Teufel zu Iwan Karamasow: „Diese Entwicklung wiederholt sich doch schon zum unzähligsten Mal, immer auf die gleiche

Weise, bis ins letzte Detail. Eine höchst unschickliche Riesenlangeweile."

In unserer Zeit tritt die höllische Natur der Langeweile ganz offen zutage: Sprach Nietzsche noch vom „letzten Menschen" und Spengler vom „Untergang des Abendlandes", ist unser Zeitgenosse Maurice Blanchot der Meinung, wir lebten schon nach dem Tod.

Noch gibt es Anzeichen eines gewissen Restlebens; noch tritt eine Partei gegen die andere auf, noch bekämpfen die Linken die Rechten und die Rechten die Linken, doch die Argumente sowohl der einen als auch der anderen sind längst bekannt, und man kann sie auswendig. Alles bewegt sich im Kreise, und sich dieser Langeweile zu widersetzen scheint frucht- und nutzlos. Die Hoffnung auf Erneuerung ist längst tot. Die Energie reicht nur noch aus, um illusionslos die verhaßte Arbeit weiterzuführen, Reden herzuleiern, hölzernes Lächeln zu verteilen. Langeweile und Zynismus machen die Existenz immer stumpfsinniger und mechanischer.

Das aufgeklärte unglückliche Bewußtsein

Eine tiefschürfende und eingehende Analyse des modernen Zynismus gibt der deutsche Philosoph Peter Sloterdijk. Es seien hier einige Stellen aus dem ersten Band der „Kritik der zynischen Vernunft" (1983) zitiert: „Nach den Jahrzehnten des Wiederaufbaus und der Utopien und ‚Alternativen' ist es, als ob ein naiver Elan plötzlich verlorengegangen wäre (...) Die Zeit ist zynisch und weiß: Neue Werte haben kurze Beine" (S. 10). „Der moderne Zyniker ist kein Außenseiter mehr (...) Der moderne Massenzyniker verliert den individuellen Biß und schenkt sich das Risiko der Zurschaustellung (...) Instinktiv versteht er seine Daseinsweise nicht mehr als etwas, das mit Bösesein zu tun hat, sondern als Teilhabe an einer kollektiven realistisch herabgestimmten Sehweise" (S. 36). Sloterdijk definiert den Zynismus als das „aufgeklärte unglückliche Bewußtsein" (S. 37).

Was meint er damit? In welchem Sinne ist Zynismus „aufgeklärtes Bewußtsein" oder, wie Sloterdijk etwa auch sagt, „aufgeklärte Aufklärung"? Dieses Bewußtsein glaubt erstens an keine *ideologischen* Wahrheiten. Doch ist es nicht nur frei von – sozialistischer, kapitalistischer usw. – Ideologie. Es ist zweitens auch frei von „Ideologiekritik". „Im neuen Zynismus wirkt eine abgeklärte Negativität mit, die für sich selber kaum Hoffnung, allenfalls ein wenig Ironie und Mitleid aufbringt" (S. 39). Deswegen nennt Sloterdijk den Zynismus ein „unglückliches Bewußtsein": trotz seiner doppelten „Aufgeklärtheit" ist es unglücklich, weil zerrissen und verwirrt.

„Die großen offensiven Paraden zynischer Frechheit sind selten geworden; Verstimmungen sind an ihre Stelle getreten, und zum Sarkasmus fehlt die Energie" (S. 41). „Man schenkt sich noch Bücher und staunt ein wenig, wenn der Papst nach Deutschland kommt, daß es den überhaupt noch gibt. Man macht seine Arbeit und sagt sich, es wäre besser, sich voll reinzuhängen. Man lebt von Tag zu Tag, von Ferien zu Ferien, von Tagesschau zu Tagesschau, von Problem zu Problem, von Orgasmus zu Orgasmus, in privaten Turbulenzen und mittelfristigen Geschichten, verkrampft, entspannt. Von manchen fühlt man sich ‚betroffen', das meiste muß aber egal sein (...) Man spendet in schwachen Minuten für Eritrea oder für ein Schiff für Vietnam, aber dahin fahren wir nicht" (S. 200).

Selbst die Linke, die einst alles „Fortschrittliche" und Lebendige anzog, ist zynisch geworden, hat doch unsere Zeit zur Genüge gezeigt, wohin linke Utopien führen: Die Existenz totalitärer sozialistischer Systeme entkräftet alle Argumente der Linken.

Der sowjetische Zyniker

So sieht der westliche Zynismus aus. Beim Lesen Sloterdijks muß ich an die Situation in meiner Heimat denken, an den sowjetischen Zynismus. Wie sieht denn der heutige sowjetische Zyniker aus? Er gleicht etwas dem westlichen: auch er ist „doppelt aufgeklärt".

Aufgeklärt ist er, was die Verneinung der Ideologie betrifft: Wahrscheinlich wird der Marxismus nirgends in der Welt mehr verachtet als in der Sowjetunion. In dieser Beziehung gibt es bei uns keine „Dummköpfe". Der sowjetische Zyniker ist aufgeklärt, weil er der offiziellen Ideologie überhaupt nicht glaubt. Diesen Graben hat er schon lange und ohne Mühe übersprungen. Doch ist er noch solider aufgeklärt, denn er glaubt auch den Dissidenten nicht. Dabei kritisieren doch gerade sie offen die sowjetische und jegliche andere Ideologie. Die ideologisierte Welt ersetzen die Dissidenten in ihrem Bewußtsein durch die Welt der Kultur (oder der Religion).

So mißtraut der sowjetische Zyniker nicht nur der Propaganda, sondern auch deren Kritikern. Er versteht es, sich über die Dissidenten zu „erheben", und nennt sie Don Quijotes, Naseweise oder gar „Besessene" im Sinne Pjotr Werchowenskijs aus Dostojewskijs „Dämonen". „Erheben" tut sich dieser Zyniker nur, um seine Angst und seine Abneigung davor zu verbergen, von der dürftigen, aber gewohnten Umgebung des sozialen Konformismus Abschied zu nehmen. „Die einzige Spielregel, an die man sich hier unbedingt hält, ist *nie irgendeiner Sache sicher zu sein*. In keiner Frage darf man eine durchdachte und bestimmte Meinung

49

haben; vor allem aber ist es verboten zu wissen, wie man sich benehmen soll. Der Zweifel darüber, was er tun und lassen soll, ist die erste Existenzbedingung unseres Intellektuellen…" „Schaut, wie er ausländische Sender hört. Er versteht nicht, worin man lügen kann und worin nicht. Die erste Wahrheit, die er sich in seinem Leben zu eigen macht, besteht darin, daß *alle ständig lügen*… auch die dort haben ihre Bosse, erklärt er Ihnen, und wenn es für die nötig ist, werden die Ihnen sagen, heute sei der zweiunddreißigste Dezember."[1]

Dieses „Alle lügen ständig" kommt von der Angst. Der sowjetische Zyniker hat nichts, mit dem er auf die Ideologie und auch auf deren Kritiker reagieren kann, außer der Angst. Jedoch ist sein „unglückliches Bewußtsein" voller Verachtung sowohl für die offizielle Ideologie als auch für deren Widersacher. So schützt sich der Zyniker durch seine Verachtung vor jedem möglichen Vorwurf.

Der westliche Zyniker sieht sich und die anderen „mit leichter Ironie und Mitleid"; dem sowjetischen Zyniker fehlen diese menschlichen Eigenschaften: Die Angst lähmt ihn und äußert sich in Form von Gleichgültigkeit oder Aggressivität.

Das Niemandsland

Zynismus ist der höchste Grad von Verblendung und Unfreiheit. Im Zynismus wird die von ungeheurer Selbsttäuschung versklavte Persönlichkeit zerstört. Sloterdijk schreibt dazu: „In uns ist quasi ein formaler Jemand als Trä-

---

[1] A. N. Kljonow, „Die Philosophie der Unsicherheit" („Syntaxis" Nr. 12). Den Typ des sowjetischen Zynikers stellt auch Leonid Borodin dar in „Der Abschied" (Zeitschrift „Grani" Nr. 131) (A. d. A.).

ger unserer sozialen Identifikationen einprogrammiert. Er garantiert allenthalben den Vorrang des Fremden vor dem Eigenen; wo ich zu sein scheine, waren die anderen immer schon an meiner Stelle vor mir da, um mich durch meine Vergesellschaftung zu automatisieren. Unsere wahre Selbsterfahrung in ursprünglicher Niemandheit bleibt in dieser Welt unter Tabu und Panik vergraben (...) Der selbstbewußte Niemand in uns – der erst mit seiner ‚sozialen Geburt' Namen und Identifikation erhält – ist es, der die lebende Quelle der Freiheit bleibt. Der lebendige Niemand ist es, der (...) sich an die energetischen Paradiese unter den Persönlichkeiten erinnert (...) Bei ihm findet die letzte Aufklärung als Kritik des privaten, egoistischen Scheins ihr Ende. Waren aber mystische Vorstöße in solche ‚innerste' Zonen vor-individueller Leere bisher ausschließlich eine Sache meditativer Minderheiten, so gibt es heute gute Gründe zu hoffen, daß in unserer von kämpfenden Identifikationen zerrissenen Welt sich endlich auch Mehrheiten für solche Aufklärung finden werden" (S. 156–157).

Dieser beachtenswerte Abschnitt zeigt den Weg aus der Sackgasse, den Weg der Befreiung vom Zynismus. Sloterdijk tendiert in seiner Suche nach dem Ausweg zu einer „religiösen", mystischen Lösung des Problems, eine Lösung, die indessen eher buddhistisch denn christlich ist.

Die Philosophie des 20. Jahrhunderts hat der Religion schon mehr als einmal gute Dienste geleistet... So brachte Heidegger dem europäischen Denken die „Angst" und das „Nichts". Bei Kierkegaard war die Furcht noch psychologisch verstanden worden. Heidegger ging einen Schritt weiter: Er machte die Furcht zur ontologischen Größe und erhob sie in den Rang einer gewissen Wirklichkeit. Wenn Heidegger die „mystische" Furcht und das „mystische" Nichts entdeckte, begründet Sloterdijk die religiöse Ontologie der Freiheit philosophisch. Sloterdijks „Niemand" wird wie Heideggers „Nichts" durch den Verzicht auf Rollen und Identifikationen durch Reduktion also gebildet, nun gibt es keine erbarmungslosere Reduktion als die *Demut;* jeder Gläubige weiß das. Dank dem Verzicht auf jegliche Überheblichkeit, auf jegliches Selbstlob und auf vorgetäuschte Identifikationen gelangt der Mensch in ein Niemandsland, genauer in ein paradiesisches Land. Dort hält sich auf, wer der *Heiligkeit* nahegekommen ist, wer, wie Sloterdijk schreibt, die „innersten" Zonen entdeckt und über den Weg der Mystik – bei Sloterdijk ist es die „Meditation" – ungeahnte Freiheit erlangt hat.

Über die heilige Torheit

Der Gegenpol des Zynismus ist die Heiligkeit. Der Heilige ist als tatsächlich „Aufgeklärter" nicht nur frei *von* etwas – Mythen, Vorurteilen, Klischees, falschen Ansichten und Ängsten –, sondern auch frei *für* die Verwandlung unserer Erde durch den Heiligen Geist und für die Entstehung des Paradieses an der Stelle des Nichts.

Wie steril, hoffnungslos und langweilig Zynismus ist, so schöpferisch, unerwartet und wunderbar ist Heiligkeit. Sie ist überhaupt der Gipfel der schöpferischen Tätigkeit: „Siehe, ich mache alles neu" (Offb 21, 5); in der Orthodoxie wird deshalb die Aksese „die Kunst der Künste" genannt. Die vom Heiligen Geist herabgesandte Gnade ist so überraschend und unvorhersagbar, daß selbst der Herr den Seinen „von Sinnen" schien (Mk 3, 21). Keinen besseren Eindruck machten die Apostel. Am Pfingstfest, als „plötzlich ein Brausen vom Himmel geschah" (Apg 2, 2) und Feuerzungen sich auf jeden von ihnen senkten, als sie anfingen „zu predigen mit anderen Zungen", versuchte das erschütterte Volk den Grund dieses Geschehens herauszufinden. „Die andern aber hatten ihren Spott und sprachen: Sie sind voll süßen Weins" (2, 13).

Offener, gleichzeitig aber auch geheimnisvoll und paradox schreibt der „gottestrunkene" Apostel Paulus: „Wo sind die Klugen? Wo sind die Schriftgelehrten? Wo sind die Weltweisen? Hat nicht Gott die Weisheit dieser Welt zur Torheit gemacht? Denn dieweil die Welt durch ihre Weisheit Gott in seiner Weisheit nicht erkannte, gefiel es Gott wohl, durch törichte Predigt selig zu machen die, so daran glauben" (1 Kor 1, 20–21).

In unserer Zeit ist es nicht mehr nötig, die Diktatur der Vernunft und die Idole der Wissenschaftlichkeit und der Lehrgebäude zu bekämpfen, wie das noch Kierkegaard und Lew Schestow taten. Längst schon ist infolge verschiedener Umstände der „Tod der Vernunft" eingetreten. In der Philosophie verdankt die Vernunft ihren „Tod" der Beliebtheit des Nietzscheanismus, des Existentialismus, des Freudianismus und des Marxismus, Lehren also, die der Vernunft eine drittrangige Rolle zuweisen.

Unsere Zeit strebt immer mehr zum Transzendentalen, zum „Törichten" und Unvorhersagbaren. Sie sucht scharfe Empfindungen und Grenzsituationen, sie vergöttert Schizophrenie und Anomalität, liebt Bürgerschreck und Hippietum, dürstet nach Freiheit im Nebensächlichen und schwer Erreichbaren. Und es ist sehr schade, daß die Kirche – besonders im Westen – auf dieses Bedürfnis nach Torheit nicht reagiert. Die Kirche erstickt an ihrer Rechtschaffenheit; bürgerliche Langeweile hat sich auch hier breitgemacht. Wüßte die Kirche ihre Aufgabe zu erkennen, könnte sie diesem Impuls der Außenseiter eine Richtung geben, ihn durchgeistigen und so die Torheit des Kranken in die Torheit des Heiligen umwandeln.

Der Weg zur Heiligkeit steht erst wenigen offen. Aber sie allein ist wahrhaft töricht und neu: Ihre Torheit ist nicht

Flucht, ihre Neuheit bedarf nicht der Originalität. Am besten sichtbar ist die Torheit der Heiligkeit in ihrer seltenen Form der Torheit (oder dem Narrentum) in Christo. Die heiligen Narren in Christo sind ein ungewöhnlich zeitgenössischer Typ von Heiligen. Deswegen vielleicht äußert sich heute der Durst nach Heiligkeit bei denen, die sich noch nicht gefunden haben, in den verschiedenen Formen des „vorchristlichen" Narrentums, die sich im Westen und mehr noch in Rußland verbreitet haben. In Rußland sind die Neophythen, d. h. die als Erwachsene zum Christentum Bekehrten, vorher den seltsamen und zerstörerischen Weg der „Befreiung" gegangen, waren Trinker, Hippies und Aussteiger, lebten in der Boheme, mockierten sich über Moral und schockten die öffentliche Meinung.

Die Freiheit im Heiligen Geist erwarben sie später, als Seele, Geist und Herz erst einmal frei waren von den Vorurteilen des gesunden Menschenverstandes.

Kehren wir zur ersten Stufe der „Befreiung" zurück, zu den Toren, die die wahre Torheit noch suchen. Typische Vertreter von ihnen sind die „Schizophreniker", die „Protestantisierenden" und die „Kyniker".

Die „Schizophrenen"

In den fünfziger und sechziger Jahren, als man sich in der Sowjetunion vom verordneten Optimismus der Stalinzeit zu erholen begann, wurde das Wort „schizophren" in den Kreisen der sowjetischen Boheme zum Kompliment. Psychiatrie und Irrenhäuser förderten die Idealisierung alles Kranken gewaltig, wurden in den psychiatrischen Anstalten doch alle Unangepaßten und Sonderlinge, alle schnurrigen Typen und Liegengebliebenen des Systems versorgt. Einer wurde schizophren erklärt, weil er eine Universalreligion zu gründen vorhatte, ein anderer bekam dieselbe Diagnose gestellt, weil er sich übermäßig für Philosophie begeistert hatte, ein dritter wegen unverständlicher Verse, wieder ein anderer wegen seiner komischen Erscheinung und so weiter.

In der Bewunderung für Schizophrenie steckte Bewunderung für eine neue Art zu leben, für eine Randexistenz und ein verfeinertes und tiefschürfendes, geheimnisvolles und unabhängiges Leben. Im „Saigon", einem beliebten Leningrader Café, erschien die Zeitung „Der Saigoner Schizo". Die Verehrung des Schizophrenen war eine allgemeinverbreitete Erscheinung. So hatten nicht nur Leningrad und Moskau, sondern auch Provinzstädte wie Charkov ihre Schizo-Idole. [2]

Nachdem ich im Westen Deleuzes und Guattaris „Anti-Ödipus" (Paris 1972) gelesen hatte, begriff ich, daß auch hier etwas Ähnliches vor sich ging. Den umherziehenden und -irrenden, seine gesellschaftlichen Beziehungen immer mehr zerstörenden „Schizophrenen" bezeichneten die Autoren als die freieste Persönlichkeit in der kapitalistischen Welt, verbrennt er doch alle Kodes und ist Träger des „dekodierten Stroms der Begierde". Für Deleuze und Guattari ist der „Schizophrene" ein „revolutionärer" Typ, der Mauern einreißt: „Ich gehöre nicht zu euch, ich bin ewig mit den Unterdrückten, ich bin ein Tier, ein Neger" (S. 329). Diese Schattierung – die Anspielung auf die soziale Unterdrückung – ist dem sowjetischen, ein für allemal von marxistischen Illusionen verschonten „Schizophrenen" natürlich fremd. Doch im übrigen gleichen sich die Bilder: Wie ein Vampir stürzt sich die Gesellschaft auf alles Neue, um diesem seinen persönlichen Charakter und sein Geheimnis wegzustehlen. In dieser Welt des Banal-Machens und des

---

[2] Siehe dazu E. Limonov, Das bin ich – der kleine Edy (A. d. A.).

künstlichen Lebens kann allein der „Schizophrene" das „absolute Hindernis" überwinden und den Gesetzen und der Sprache des Systems entwischen. Interessanterweise wird gerade die Schizophrenie und nicht irgendeine andere Geisteskrankheit idealisiert, wohl deswegen, weil der „Schizophrene" eine unsichtbare und versteckte Welt ist, die, wie Deleuze sagt, Welt der „Mikrophysik". „Wenn der Paranoiker die Massen organisiert und umherkommandiert, so schlägt der ‚Schizophrene' einen andern Weg ein, den der Mikrophysik" (S. 322).

Unter den Krankheiten und Irrungen der religiösen Wiedergeburt in der Sowjetunion gibt es noch eine andere, uns zeitlich näher liegende Form der Suche.

Die „Protestantisierenden"

Im Bestreben höchster Freiheit finden sie einen versteckten und *nur* transzendenten Gott, der sich weder in der ethischen noch in der religiösen, noch in der rituellen Dimension zu erkennen gibt. Dieser Inkognito-Gott gefällt denen, die den Krallen des Systems eben erst entronnen sind. „Sei irre, stiehl und bete, sei mutterseelenallein": Diese Verse Josif Brodskijs zitierten die „Protestantisierenden" oft wie ein Glaubensbekenntnis.

Viele von denen, die heute an Gott glauben, sind ganz unerwartet, meistens durch das persönliche Erlebnis des Kontakts mit dem „Jenseits", durch eine gewisse Offenbarung, auf Ihn gestoßen. Wer Gott für sich selbständig entdeckt hat, versteht die Notwendigkeit der äußeren Anzeichen der Religion – Riten, Kirchen, Priester – nicht. Daher kommt die in der Sowjetunion gängige Einteilung der Christen in „kirchliche" und „nichtkirchliche", was sich nicht ganz mit „praktizierend" und „nichtpraktizierend" deckt.

Letztere sind gewöhnlich Leute, die aus der Kirche ausgetreten sind, die „Nichtkirchlichen" dagegen meistens solche, die den Weg zu ihr noch nicht gefunden haben.

Die Weltanschauung der „Protestantisierenden" hat am besten der auch bei uns bekannte Kierkegaard [3] formuliert. Bei Kierkegaard fehlen Christus nicht nur die Attribute der Macht, sondern überhaupt jegliche Attribute. Seinen Gott hat Kierkegaard gleichsam für die modernen „elitären" Gläubigen geschaffen, da ihrem Glauben in der Regel eine Phase vorangeht, in der alle Idole und alles „Menschliche" abgelehnt werden. Gott steht jenseits von Tradition, Moral und Geschichte. Er ist im höchsten Grade individualisiert; Kierkegaard schreibt denn auch nicht über die Heiligkeit, sondern über den Glaubens*helden* Abraham. Heiligkeit ist das Leuchten Gottes durch einen Menschen; sie dient den Menschen und verbindet sie untereinander. Heldentum dagegen ist das Erheben eines einzelnen über die anderen. Heldentum isoliert, auch wenn es zuweilen Aufopferung für die Mitmenschen darstellt; es ist individualistisch.

Seine Unvernunft (bei Kierkegaard) bringt Abraham in die Nähe der heiligen Narren: „Sein Leben ist ein ungeheures Paradox (...) Er glaubt dank dem Absurden (...) Abraham ist mehr als die andern; er ist groß durch die Kraft, die Kraftlosigkeit heißt, durch die Weisheit, deren Geheimnis die Dummheit ist; er ist groß durch die Hoffnung, die die Form der Torheit annimmt, und durch die Liebe, die Haß zu sich selbst ist" („Furcht und Zittern").

Bei Kierkegaard wird das christliche Prinzip gleichsam aus dem persönlichen abgeleitet, doch läuft es umgekehrt auf dieses hinaus. Kierkegaards Christentum ist bloß eine brüchige Illusion der Versöhnung über einer offenen

---

[3] Kierkegaard wird im heutigen Rußland mehr als andere westliche Autoren gelesen. Er ist der Mentor mindestens zweier Intelligenzija-Generationen in deren Phase der religiösen Suche (A. d. A.).

Wunde. Er ist nach der Art der Romantiker un-mittelbar. Verzicht auf den Mittler – die Kirche, die Sakramente, schließlich auf den menschgewordenen und sichtbaren Christus – ist auch Verzicht auf das wahre Christentum, ist grüblerische Träumerei und mystischer Existentialismus.

Neben Kierkegaard walten heute als Götzen der „Protestantisierenden" Tolstoj und Berdjajew – für ihn steht die Freiheit höher als Gott – sowie verschiedene Spielarten von „synthetischen" und neuen Religionen, wie zum Beispiel das christliche Yoga.

Kynismus als „Frechheit von unten"

Dem Zynismus des gesellschaftlichen Lebens steht der kynische Protest des Individuums gegenüber. Zynismus ist „Frechheit von oben", Kynismus „Frechheit von unten" (Sloterdijk). Offensichtlich braucht es in unseren Tagen sowohl hier im Westen wie dort in der Sowjetunion einen neuen Diogenes, einen freien, echten und furchtlosen Diogenes. Im Westen ist der Kyniker notwendig, weil jede „kollektive" und „gesellschaftliche" Bewegung Schiffbruch erlitten hat. Kambodscha, der Gulag und Kuba haben den Zynismus der linken Strömungen offenbart. Bleibt der individuelle Protest, der schon einmal in den Kynikern der Antike verkörpert war. Westliche Philosophen – Glucksman, Sloterdijk, Foucault – sprechen immer mehr von den Kynikern, ohne indessen das Wichtigste am Kynismus – die Übereinstimmung von Theorie und Praxis – zu verwirklichen. Deshalb stehen die Nicht-Schreibenden dem Geist der Kyniker unendlich näher: Hippies, Clochards, amerikanische Stadtindianer, Boheme in der Sowjetunion. [4]

---

[4] Glaubt man Sloterdijk, gibt es die Boheme in Westeuropa mindestens seit dem Zweiten Weltkrieg nicht mehr (A. d. A.).

„Der Kynismus ist ansteckend nicht so sehr durch seine Unanständigkeit als dadurch, daß er die Wahrheit sagt. Alles ist offen, nichts ist verborgen (...) Diogenes, der weder Sklaven noch Geld, noch Ansehen besitzt, ist größer als Alexander und glücklicher als der persische König" (Glucksman).

Diogenes ist zweifellos die Fortsetzung des „Schizophrenen" bei Deleuze. Er ist nicht ein idyllischer Träumer, der sich in seine Tonne verkriecht, sondern, wie Sloterdijk sagt, ein beißender Hund. „Als Urhippie und vorbohemehaftes Wesen hat Diogenes zur Bildung der europäischen Intellektuellentradition beigetragen ... Seine Waffe ist weniger die Analyse als das Lachen."

Das Benehmen Diogenes', wie auch anderer Kyniker, zeichnete sich durch extreme Anstößigkeit aus: „Vor den Augen der Athener beschäftigte er sich mit den unanständigsten Dingen, den Dingen der Demeter und der Aphrodite" (Diogenes, Laertius VI, 69), d. h., er verrichtete seine Notdurft und masturbierte in der Öffentlichkeit.

Närrische Zyniker

Dieser Typ ist besonders in der Sowjetunion verbreitet. In ihm zeigen sich die Grenzen und die Zweideutigkeit jedes Narrentums. Der närrische Zyniker spielt den Narren in Christo, wohl wissend, daß nach Dummköpfen und Kleinkindern die Nachfrage klein ist. Das Narrentum hilft seinem Träger, der Klarheit und der Verantwortung zu entgehen, und es schafft eine Schutzreaktion zwischen ihm und der Gesellschaft. Leute, die den ewigen Kompromiß wählen, verstecken sich im Narrentum, da sie wissen, daß das Lachen entwaffnet. Dieses zynische Narrentum beruht auf sklavischer Abhängigkeit und Furcht; sein Register reicht vom hochmütigen, sich nicht zum Gesprächspartner herablassenden Grimassenschneiden bis zur freiwilligen Narretei im Geiste Lebedews, Fjodor Pawlowitsch Karamasows und anderer Helden Dostojewskijs. „Heilige Narren" dieser Art sind ein Produkt und Parasiten des Zynismus.

Eine weitere, bedeutend schlimmere Form des Narrentums sind der Humor Iwans des Schrecklichen, das Lächeln Lenins und Stalins „Späßchen".

Der grausame Zar Iwan der Schreckliche zeichnete sich im Leben durch geheuchelte Selbsterniedrigung aus, die er zuweilen mit theatralischer Verstellung und Verkleidung verband. „Im Jahre 1574", berichten die Chroniken, „setzte Zar Iwan Wassiljewitsch aus Willkür den Simeon Bekbulatowitsch als Zaren in Moskau ein und krönte ihn mit der Zarenkrone; selbst nannte er sich Iwan von Moskau, verließ den Kreml und ließ sich in der Petrowkastraße nieder; alle seine Zareninsignien übergab er Simeon und machte sich so zum ‚gewöhnlichen Mann'."[5]

Auch in seinen Schriften neigt Iwan der Schreckliche zur heuchlerischen „Verwandlung" – er erfindet gar ein entsprechendes Pseudonym: „Parfenius der Gottesnarr". „Sein Spiel der Demut zog Iwan der Schreckliche nie in die Länge. Ihm war der Kontrast zu seiner tatsächlichen Stellung als unumschränkter Selbstherrscher wichtig. Mit seinen bescheidenen und erniedrigten Auftritten machte er sich über seine Opfer lustig. Er liebte Wutausbrüche und unerwartete, plötzliche Hinrichtungen und Morde."[6] Typisch für das Benehmen dieses Zaren ist Ironie in ihren verschiedensten Formen. Als zum Beispiel Nikita Kasarinow Golochwa-

[5] D. S. Lichatschow – A. M. Pantschenko, Das Lachen im alten Rußland, Leningrad 1976, S. 34 (A. d. A.).
[6] Ebd., S. 35.

stow zusammen mit seinem Sohn zunächst die einfache Mönchsweihe und dann das S'chima[7] empfing, richtete ihn Iwan der Schreckliche hin mit den Worten: „Er ist ein Engel: Es gebührt ihm, zum Himmel zu fliegen."

In der sowjetischen Geschichte erlosch die Tradition des zynischen Narrentums natürlich nicht, sondern kam eher zu neuer Blüte. Das Lächeln des Henkers bei der Verhaftung des Opfers ist Bestandteil der „guten" leninschen Tradition geworden. Die Memoirenschreiber vergessen nicht, an Lenins Lächeln und sein „gutmütiges Lachen" zu erinnern, das jeweils besonders fröhlich erschallte, wenn er von Verhaftungen und Erschießungen sprach. Lunatscharskij schrieb darüber: „Auch sein Zorn ist ungewöhnlich gutmütig. Obwohl sein Blitzstrahl in letzter Zeit tatsächlich Dutzende, wenn nicht Hunderte von Menschen hat töten können, beherrscht er stets seinen Unwillen, der beinahe etwas Spaßiges hat. Dieser Donner spielt und tummelt sich gleichsam und grollt am blauen Himmel."

Der wahre, seine Lehrer zweifellos übertreffende Schüler Iwans des Schrecklichen aber war Stalin mit seinem Ausspruch: „Der Tod eines einzelnen ist eine Tragödie, der Tod von Millionen Statistik." Im Geist dieser närrischen und zynischen Ironie ist auch Tschernenkos Antwort auf Mitterrands Frage nach dem Schicksal Sacharows gehalten: „Alles Gerede über die Menschenrechte erzeugt bei uns nur Lächeln."

Wie wir sehen, reicht die Palette des Narrentums von zynisch-grausamen Formen bis zu schöpferischen, auf Freiheitssuche abzielenden Außenseiterpositionen. Die Geschichte der russischen Intelligenzija der beiden letzten Jahrzehnte bietet uns ein Bild des Übergangs vom Außen-

---

[7] Das große S'chima ist das dem höchsten Mönchsgrad der orthodoxen Kirche entsprechende Gewand.

seitertum und der Boheme zu Kirche und Heiligkeit. Das Schicksal der heutigen Christen ist oft das Schicksal von Leuten, die auf der Suche nach Freiheit „Feuer und Wasser" – Hippietum, Kynismus und andere Nihilismen – durchschritten und zu Gott gefunden haben, kurz die vom Ideal der Narren auf das Ideal des *heiligen* Narren gestoßen sind.

Verborgene Heiligkeit

„Ihr Schmuck soll (...) der verborgene Mensch des Herzens sein" (1 Petr 3, 3–4). Der geisterfüllte Mensch ist verborgen und läßt sich nicht zum Objekt machen; „der geistige Mensch aber richtet alles, und wird von niemand gerichtet" (1 Kor 2, 15).

Ein anderer Mensch kann versklavt und zum Gegenstand soziologischer und psychologischer Forschungen gemacht werden. Man kann sich ihm gegenüber edelmütig verhalten, sich mit ihm aufgrund gemeinsamer Ideale und Charakterzüge befreunden usw. Doch nur der Heilige vermag den anderen in dessen Seinsfülle zu bewerten und ihn außerhalb jedes Rollenspiels zu verstehen. Umgekehrt kann den Heiligen niemand richten.

Es ist unmöglich, sich der Heiligkeit zu bemächtigen. Die Trägheit des egoistischen Besitzens hat keine Macht über sie. Auch kann man einen Heiligen nicht nachahmen. Dabei vergesse ich die Worte des Apostels Paulus: „Werdet meine Nachahmer, wie ich Christi Nachahmer bin" (1 Kor 4, 16), nicht. Ich meine ein anderes Nachahmen: Der Heilige kann nicht imitiert oder gespielt werden. Die Heiligkeit ist, um mit der Sprache der Phänomenologie zu sprechen, intentional par excellence. Im Leben des Heiligen besteht eine ununterbrochene Verbindung zu Gott, und sein Ego ist nicht vom Sein getrennt. Deshalb gibt es in dieser Existenz auch keine Spalte, durch die ein fremder, neugieriger oder auch liebender Blick eindringen könnte. Ein Held kann gespielt und ein Übermensch erspäht werden, aber der geistliche Mensch ist nicht zu erhaschen.

Die orthodoxe Heiligkeit ist sehr empfänglich für die geistliche Schönheit und den strahlenden Glanz des Ruhmes des Herrn. Die Schönheit der geist- und lichtvollen Persönlichkeit unterliegt in der Orthodoxie keinem Zweifel. Nichtsdestoweniger hängt die Orthodoxie stark an der evangelischen Unterweisung vom verborgenen Menschen. In der orthodoxen Überlieferung und in der Lehre der Asketen taucht häufig der Gedanke auf, eine Tugend, die man sehen könne, sei schon keine Tugend mehr. Sogar im Kirchenslawischen drückt sich diese Lehre aus, heißt doch „Schauspiel" dort soviel wie „Schande".

Die heiligen Narren in Christo

Wohl deswegen werden in der russischen Orthodoxie die heiligen Toren in Christo so ungewöhnlich geliebt. Alle Heiligen sind vor dem ertötenden Blick der Welt verborgen, besonders aber die Gottesnarren. Die Haupteigenschaft dieser Art von Heiligkeit besteht gerade darin, sich zu verbergen. Die Heiligkeit ist in ihnen so tief versteckt, daß sie nicht nur unsichtbar bleibt für das seelische und das körperliche Auge, sondern als ihr Gegenteil wahrgenommen wird. Das russische Wort für den Gottesnarren, jurόdiwyj, kommt ja auch vom altrussischen „urod", das die ursprüngliche Bedeutung von „Mißgeburt" trägt. Die christlichen Toren sind nicht schön, sondern mißgestaltet, und nicht weise, sondern närrisch; selbst die Christen verlachen und verachten sie, die vorsätzlich grotesk sind und die Welt beschimpfen, um zu zeigen, wie weit entfernt die geistliche von der „normalen", sichtbaren Welt entfernt ist. Unablässig treten sie den Beweis dafür an, daß Gott „erwählt hat, was töricht ist vor der Welt, daß er die Weisen zuschanden machte" (1 Kor 1, 27). Die Toren in Christo leben auf zwei Seinsebenen. Sie führen vor Augen, daß die Welt des gesunden Menschenverstandes und jeglicher „Normalität" im Grunde eine Welt der Extreme, eine „gefallene" Welt ist. Nachts, wenn niemand sie sieht, reißen sie ihre häßliche Maske ab und beten. So verkörpern sie ein krasses Paradox: Obwohl vor allen verborgen, leben sie nicht unsichtbar irgendwo in der Wüste, sondern ständig unter den Leuten, in der Öffentlichkeit, auf dem Forum, oft mit allerlei exzentrischem und verachtetem Volk zusammen, mit Huren und Trinkern; obwohl Menschen größter Sanftmut, Kinder im Geiste, verurteilen sie oft sehr streng und erbarmungslos die weltliche Lebensweise und lassen durch die Kraft ihrer prophetischen Rede Zaren und Würdenträger erzittern. Selbstzufriedenheit, Trägheit, Einseitigkeit und Langeweile entlarvt der Gottesnarr.

Die Toren in Christo beteten gegen Kneipen gewandt und warfen Steine gegen Kirchen. Falls überhaupt, erklärten sie das so: „Ich kam an einer Kirche vorbei und sah den bösen Feind um unserer Sünden willen über dem Gotteshaus kreisen ... da warf ich halt mit Steinen nach ihm. Als ich aber an der Schenke vorbeikam, sah ich drinnen viel Volk, das singt und spielt und nicht an seine Todesstunde denkt, und fing also an zu Gott zu beten, um die Rechtgläubigen nicht der Sauferei und dem Verderben zu überlassen."[8]

Auch innerhalb der Kirchgemeinde und sogar im eigenen Kloster wurden die Gottesnarren mitunter nicht anerkannt

---

[8] A. N. Afanassjew, Russische Volkslegenden, Moskau 1914 (A. d. A.).

und als Kranke betrachtet. Nicht selten offenbarte sich die Heiligkeit eines Juródiwyj erst nach seinem Tod.

Heilige Toren in Christo gab es in Rußland auch in der Neuzeit, wie das Beispiel der seligen Gottesnärrin Xenja aus dem 18. Jahrhundert zeigt, die heute in Leningrad zusammen mit dem heiligen Nikolaus von allen Heiligen am meisten verehrt wird. Und es gibt die Juródiwye auch in unseren Tagen noch. Vor meiner Ausreise aus Rußland vor fünf Jahren erklärte ein Mönch den Reichtum an Seligen und christlichen Narren in den russischen Kirchen und Klöstern so: „Die Zeiten des Kindermordes (er meinte damit die Kirchenverfolgungen unter Chruschtschow) sind sichtlich vorbei; deshalb wachsen jetzt so viele heran von diesen seligen, sanftmütigen, barfüßigen und zerlumpten Gottesnarren."

Ein westlicher Forscher[9] ist der Meinung, Gottesnarren seien in Zeiten relativer Ruhe im politischen Leben eines Landes geradezu notwendig, schickt sie Gott doch, um die Wohlfahrt der Kirche von innen aufzubrechen, auf daß diese wachsam bleibe. Übrigens gehören sie nicht nur der östlichen, orthodoxen Tradition an, vielmehr gab es auch im Westen den Gottesnarren verwandte Heilige – man denke etwa an den heiligen Franz von Assisi, an Jacopone da Todi und Filippo Neri.

Narren und Gottesnarren –
Ähnlichkeiten und Unterschiede

Die Narren machen sich den einen oder den anderen Zug der göttlichen Torheit zu eigen. So weicht der „Schi-

---

[9] J. Saward, Dieu à la folie (A. d. A.).

zophrene" der Objektivierung aus, bleibt unter der Maske des Wahnsinns frei und führt eine Randexistenz; darin gleicht er dem Gottesnarren. Doch weicht dieser nicht nur aus: er dient auch Gott und den Menschen. Das Wichtigste ist für ihn der Angriff, nicht die Flucht, sagt doch Johannes Klimakos: „Wir müssen nicht nur mit den Dämonen kämpfen, sondern sie auch angreifen."

Die Züge des Kierkegaardschen Abraham – Unvernunft, apophatisches und paradoxes Denken – eignen anscheinend auch dem Gottesnarren. Doch ist für diesen nicht das Paradox wesentlich, sondern die Gnade, genauer gesagt: das Paradox im Glauben ist dank der Gnade möglich, die auch eine unerhörte, wunderbare Freiheit schenkt.

Zweifellos sind auch die Kyniker Vorgänger der christlichen Narren und Asketen. Ihre Vorliebe für das Entgegennehmen und Austeilen von Beleidigungen, ihre völlige Gleichgültigkeit Nahrung, Kleidung und Wohnen gegenüber, ihre Nacktheit auch – all das verbindet sie mit den Gottesnarren. Die Kyniker sprechen von gleich zu gleich mit den Zaren, wie ja auch die Gottesnarren es wagten, die Herrscher zu kritisieren. „Die Provokation von Zaren und Mächtigen dieser Welt war im 16. Jahrhundert schon fester Bestandteil des christlichen Narrentums. Das beste Beispiel dafür liefert die Chronik in ihrem Bericht über das Gespräch des Pskower heiligen Gottesnarren Nikola mit Iwan dem Schrecklichen. Pskow drohte 1570 das Schicksal Nowgorods,[10] als der Gottesnarr und der Statthalter befahlen, auf den Straßen zum Zeichen der Gastfreundschaft Tische mit Brot und Salz herzurichten und den Zaren mit ehrfurchtvoller Verbeugung zu empfangen. Als nach dem

---

[10] In jenem Jahr hatte Iwan der Schreckliche bereits die Stadt Nowgorod eingenommen, die er der Zusammenarbeit mit dem feindlichen Litauen verdächtigte, und Tausende ihrer Bewohner hinmorden lassen.

gemeinsamen Dankgebet der Zar zu ihm trat, um von ihm den Segen zu erhalten, legte Nikola trotz der Großen Fastenzeit rohes Fleisch vor den Zaren hin, und auf dessen Verzicht – ‚Ich bin ein Christenmensch und esse in den Fasten kein Fleisch' – entgegnete er: ‚Aber Menschenblut trinkst du?'"[11]

Die Gottesnarren sind völlig frei von allen Verhaltenskonventionen; sie sind derart unanständig, daß sie Gestalten Rabelais' sein könnten. In ihrem grotesken Verhalten scheinen sie mitunter – wie die Kyniker – Tieren ähnlich. Aus dem Leben des Moskauer Gottesnarren Iwan Jakowlewitsch Korejscha: „Die Gewohnheit Iwan Jakowlewitschs, alle Verrichtungen im Bett zu erledigen, also auch sämtliche Mahlzeiten liegend einzunehmen, alles, auch Suppe und Brei, mit den Händen zu essen – und die Hände an sich abzuwischen – all das macht aus seinem Bett eine dunkle Schmutzmasse, zu der man nur mit Mühe vordringen kann (...) Die Fürstin W. liegt im Sterben: die Ärzte weigern sich, sie zu behandeln. Sie befiehlt, zu Iwan Jakowlewitsch gefahren zu werden; von zwei Dienern gestützt, tritt sie zu ihm hinzu und will wissen, wie es um ihre Gesundheit stehe. Iwan Jakowlewitsch hat gerade zwei große Äpfel in den Händen. Ohne ein Wort zu sagen, schlägt er die Fürstin mit den Äpfeln auf den Bauch; sie wird ohnmächtig und fällt, mit großer Mühe bringt man sie nach Hause, und – o Wunder! – tags darauf ist sie gesund."[12]

Von einem anderen Moskauer Gottesnarren des 17. Jahrhunderts, Semjon Mitritsch, hinterläßt Pryshow noch farbenfrohere Schilderungen: „Wenn Iwan Jakowlewitsch sich

---

[11] G. P. Fedotow, Die Heiligen des alten Rußland, Paris 1931 (russ.) (A. d. A.).
[12] I. G. Pryshow, Studien – Aufsätze – Briefe. Moskau 1934, S. 35 (A. d. A.).

am Boden in Staub, Dreck und Fett wälzte, so war Semjon Mitritsch ganz einfach ein lebender Dreckhaufen, bei dem man nicht wußte, ob man eine Menschen- oder eine Tiergestalt vor sich hatte." Für das „unanständige" Verhalten der Gottesnarren gibt es zahlreiche Belege. So blies der große Symeon von Edessa, der in der ersten Hälfte des 6. Jahrhunderts lebte, während des Gottesdienstes alle Kerzen in der Kirche aus, bewarf betende Damen mit Nüssen, küßte Dienerinnen und bestrich den Mund der ihn aufsuchenden Leute mit Senf.

Selbst ein so tiefsinniger Erforscher der christlichen Torheit wie Walter Nigg schreibt in seinem Buch „Der christliche Narr", sich gleichsam beim Leser entschuldigend, Symeons Humor sei derb. Ja, dieser Humor ist nicht sanft und befreiend, sondern grotesk und seiner Natur gemäß schreckenerregend. Die Toren in Christo bringen ihre Umgebung zum Lachen, jagen ihr aber gleichzeitig Schrecken ein. Sie „beißen" nicht weniger bös als die Kyniker. Viel Geheimnisvolles, ja Geheimnisvoll-Grausames liegt auf den ersten Blick in ihrem Benehmen, etwas mit den Normen der Logik, der Moral und sogar der Religion nicht zu Vereinbarendes und ihnen Widersprechendes. Die christliche Torheit nimmt sich stets wie ein greller Klecks vor dem Hintergrund kirchlicher und weltlicher Anlässe mit ihrer wohlanständigen Schönheit und reglementierten Feierlichkeit aus. Die Gottesnarren frappierten ihre Zuschauer sogar im Kontext des Karnevals und der Darbietungen der Skomorochen,[13] wo haltlose Belustigung herrschte. Sie durchkreuzen menschliches Planen und führen in ihre Umgebung die Dimension des Katastrophalen ein.

Das christliche Narrentum ist nicht weniger grotesk als

---

[13] Fahrende Schauspieler, Musikanten, Sänger, Tänzer und Narren im mittelalterlichen Rußland.

der Kynismus: Die Toren in Christo laufen im grimmigsten Frost nackt oder barfuß umher. Wie die Kyniker lassen auch sie sich nicht von ihrem Körper versklaven, und doch ist ihre Askese eine andere; überhaupt ist die Ähnlichkeit nur äußerlich.

Erstens sind die Kyniker keine Asketen. Sie verzichten wohl auf überflüssige Dinge und Bindungen, nicht aber auf das Vergnügen. Das Prinzip des Kynikers – mit einem Minimum an Aufwand ein Maximum an Genuss herauszuholen – ist eher hedonistisch denn asketisch.

Zweitens erkennt der Kyniker nichts und niemanden als übergeordnete Macht an, während der christliche Asket – und der Gottesnarr gehört dazu – sich in strengem Gehorsam dem Willen Gottes und der Kirche unterwirft. Das Reich des Kynikers ist trotz aller seiner Unabhängigkeit ein Reich „von dieser Welt" und als solches dem Tierischen und der Natur verhaftet. Das Reich des Toren in Christo dagegen ist das Reich des himmlischen Vaters. Die christliche Torheit ist „geniale" Heiligkeit, ist das schöpferische Christentum, von dem Berdjajew träumte. Unvorhersehbar und unerwartet, jeden Augenblick verblüffend, ist der Gottesnarr im höchsten Grad eschatologisch. Die Welt um ihn gerät in Brand, und die Ewigkeit vernichtet die Zeit. Die Gottesnarren verwandeln den Basar und den Jahrmarkt des Lebens in ein Mysterium, und in ihnen wird das Geheimnis des Menschen zum Geheimnis Gottes.

Heiligkeit ermöglicht den Sieg über Zynismus, Langeweile und Tod. Es gibt keinen „interessanteren" und rätselhafteren Menschen in dieser Welt als den Heiligen. Die Suche nach Freiheit erklärt alle Versuche der „Narren", der bedrückenden Kontrolle eines Systems und der tödlichen Langeweile des Zynismus zu entgehen. Doch nur die heiligen Gottesnarren leben in einem paradiesischen Niemandsland, nur sie lassen sich von der Welt nicht einfangen.

Zur Tradition der christlichen Torheit in Rußland[14]

Der erste in Rußland bekannte „Juródiwyj" war Prokopij, der aus Deutschland kam und lateinisch sprach. Ob er Deutscher war oder einfach aus dem Gebiet des Heiligen Römischen Reiches stammte, ist unbekannt. Von Nowgorod schlug er sich bis ins nordrussische Ustjug durch; dabei stellte er sich schwachsinnig und führte ein unwahrscheinlich hartes Leben, schlief er doch nackt auf den Kirchentreppen und betete nachts immer „für Stadt und Volk"; Nahrung nahm er nur von den Armen an, und die Reichen verachtete er. Lange wurde er beschimpft und geschlagen, doch begann man ihn schließlich zu achten, und nach seinem Tod wurde er Gegenstand echter Verehrung. Hundert Jahre später entschieden die Bewohner Ustjugs sogar, ihm zu Ehren eine Kapelle zu errichten, doch widersetzte sich die Geistlichkeit diesem Vorhaben und befal, den schon begonnenen Bau abzureißen. Schließlich konnte die Verehrung Prokopijs sich doch behaupten und wurde vom Moskauer Konzil des Jahres 1547 anerkannt.

Dieses erste Beispiel zog andere nach sich, doch lange Zeit blieb das Verbreitungsgebiet dieses neuen Heiligentyps sichtlich auf die mit Westeuropa in unmittelbarem Kontakt stehenden Regionen Nordrußlands und insbesondere auf die Handelsstadt Nowgorod beschränkt. So berichtet etwa der Heiligenkalender unter dem 14. Mai vom heiligen Gottesnarren Isidor (gest. 1474):

Der selige Isidor „kam aus westlichen Landen, war römischen Geschlechts und deutscher Zunge" (diese Charakterisierung ist fast wörtlich aus der Vita des Prokopij übernommen). Er entbrannte für den Glauben, verließ sein

---

[14] Nach: Hieromönch Iwan Kologriwow, Studien zur Geschichte der russischen Heiligkeit, Brüssel 1961 (russ.) (A. d. A.).

Haus, entledigte sich seiner Kleider und nahm nach dem Beispiel der alten Heiligen Andrej, Symeon und anderer das Narrentum in Christo an und diente Gott fortan mit einer Unvernunft, die den Menschen sinnlos erscheint, vor Gott aber Bestand hat, da sie jegliche menschliche Weisheit übersteigt. Nachdem er ein Gottesnarr geworden war, verließ der selige Isidor sein Land – „die Abkehr von der Heimat ist eine ganz besonders mit dem christlichen Narrentum verbundene asketische Tat", schreibt Fedotow[15] – und zog gen Osten, wo er von unverständigen Menschen viele Schmähungen und Schläge erdulden mußte; mit Gleichmut ertrug er, nackt und sein Fleisch abtötend, Frost und Sonnenglut. (Diese unter den Bedingungen des russischen Klimas beinahe übermenschliche Form der Askese entsprach jener Tradition des christlichen Narrentums, die im Altertum im Orient verbreitet war.) So kam er nach Rostow.

Dieser Kurzbiographie folgt die Beschreibung von Isidors Wundern und Prophezeiungen. Seine lokale Verehrung in Rostow – gemeint ist Groß-Rostow nördlich von Moskau, im Gebiet Jaroslawl – wurde später, wie im Falle Prokopijs, vom Moskauer Konzil gutgeheißen und dehnte sich alsbald auf die ganze russische Kirche aus.

Ein anderer Heiliger dieses Typs war Ioann Wlassatyj („der Behaarte"), der 1580 ebenfalls in Rostow starb. Unter seinen Reliquien auf dem Grabmal befand sich bis vor kurzem ein lateinischer Psalter, welchen er der Überlieferung zufolge bis zu seinem Tod benützt hatte, was die fremde Herkunft des Heiligen zu bestätigen scheint. Fedotow bemerkt dazu nicht ohne Ironie: „Manchmal, wenn sie Slawophile sind oder Glaubenseiferer, legen die orthodoxen

---

[15] G. P. Fedotow, Die Heiligen des alten Rußland, Paris 1931 (russ.) (A. d. A.).

Deutschen ein besonders hohes Maß an Russentum an den Tag."

Im 16. Jahrhundert finden wir in Moskau den heiligen Gottesnarren Wassilij den Seligen. Seine Gestalt tritt uns in einer Moskauer Volkslegende entgegen, die voller erfundenen Geschichten und chronologischer Ungereimtheiten steckt und teilweise eine direkte Übernahme der griechischen Vita des heiligen Symeon darstellt. Wenn wir auch nicht wissen, wie genau diese Legende den Moskauer Heiligen des 16. Jahrhunderts beschreibt, ist sie doch die einzige Quelle, die uns mit der Idealvorstellung bekannt macht, die das russische Volk damals von einem seligen Gottesnarren hatte.

Gemäß der Volkslegende wurde Wassilij in seiner Kindheit der Obhut eines Schusters übergeben, und schon damals zeigte er seine prophetische Sehergabe, als er einen Kaufmann belächelte und beweinte, der ein Paar Stiefel bestellte: den Kaufmann ereilte kurz darauf der Tod. Wassilij verließ den Schuster und führte von nun an ein fahrendes Leben, ging nackt in Moskau umher und übernachtete bei einer Bojarenwitwe. Wie der syrische Gottesnarr Symeon bestrafte er unehrliche Händler, indem er auf dem Markt ihre Waren vernichtete. Alle seine paradoxen Handlungen hatten einen versteckten Sinn. So bewarf Wassilij die Häuser wohltätiger Menschen mit Steinen und küßte die Wände von Häusern, in denen Gott gelästert wurde: An jenen hingen vertriebene Dämonen, bei diesen weinten die Engel. Das Gold, das er vom Zaren erhalten hatte, verschenkte Wassilij nicht den Armen, sondern einem gutgekleideten Kaufmann, da dieser sein ganzes Vermögen verloren hatte und hungerte, aber nicht zu betteln wagte. Das Schlimmste war, daß der Heilige mit einem Stein die wundertätige Ikone der Gottesmutter am Barbarator zerschlug, da unten auf dem Bild ein Teufel gemalt war. Den

Teufel wußte er denn auch stets und in jeder Gestalt zu entlarven und ihn überall zu verfolgen. Mehrmals klagte er auch öffentlich Iwan den Schrecklichen an. So warf er ihm einst vor, in der Kirche statt zu beten mit den Gedanken auf den Spatzenbergen zu weilen, wo gerade ein Zarenpalast gebaut wurde. Da Wassilij in den fünfziger Jahren des 16. Jahrhunderts starb, wurde er nicht mehr Zeuge des Terrors Iwans des Schrecklichen und dessen Garde, der Opritschnina. Trotzdem schreibt ihm die Legende zu, sich während des Mordens und der Plünderungen 1570 in Nowgorod aufgehalten zu haben. Aus einer Höhle unter der Brücke der Wolchow soll Wassilij den Zaren zu sich gerufen und mit rohem Blut und Fleisch bewirtet haben. Als Antwort auf die Weigerung Iwans des Schrecklichen faßte er diesen mit der einen Hand, und mit der anderen zeigte er dem Gast den Himmel, zu dem die Seelen der unschuldig Ermordeten aufstiegen. Der entsetzte Zar winkte darauf mit einem Tuch, um die Hinrichtungen abzubrechen, worauf die grauenvollen Speisen sich in Wein und süße Melonen verwandelten.

Von der Verehrung des 1588 heiliggesprochenen Wassilij zeugt auch die Tatsache, daß ihm im 16. Jahrhundert Kirchen geweiht wurden. Das Volk benannte zudem die Kathedrale Mariä Schutz und Fürbitte, wo er begraben wurde, in Wassilij-Kathedrale um[16].

---

[16] Es handelt sich um die berühmte Kirche auf dem Roten Platz (auch Basilius-Kathedrale genannt).

Die selige Xenja von Petersburg[17]

Heute ist die Kapelle über dem Grab der seligen Xenja auf dem Smolensker Friedhof in Leningrad ein Wallfahrtsort des ganzen gläubigen Volkes. Die Kapelle ist geschlossen, doch in die zerschlagenen Fenster werfen die Leute Gebetsanliegen auf kleinen Zettelchen, die den verwahrlosten Bau wie mit weißer Baumwolle auffüllen.

Man schreibt Bitten und Gebete auch direkt auf die Wände: „Selige Xenja, hilf mir, meine Familie zu retten!" – „Bewahre mich vor einer Abtreibung" – „Heile mich von der Trunksucht". Die Frauen sagen, die Heilige helfe besonders im Familienleben und im Kampf gegen unser schreckliches Übel, den Alkoholismus.

Um die Wallfahrten zu unterbinden, haben die Behörden kürzlich die Kapelle mit einer Bretterwand umzäunen lassen, doch auch darauf erscheinen weiterhin Blumen und Aufschriften. Werden sie übermalt, gibt es wieder neue Aufschriften und so weiter. In unserer Welt helfen wirklich nur die Heiligen. Auf dem Zaun waren auch solche Aufschriften wie diese zu lesen: „Selige Xenja, meinen Sohn haben sie in Afghanistan getötet. Er ist nicht freiwillig dorthin gegangen. Wo ist er – in der Erde? Und ich bin jetzt allein, ohne ihn, meinen Ernährer, und ich will ins Altersheim. Er war doch kein Eroberer; er ging als Sklave hin. Wofür ist all die Qual? Mutter ..."

Seit dem Tod der seligen Xenja bewahrt das russiche Volk das Andenken der Gerechten und gibt es von Generation zu Generation weiter. Nicht nur die Petersburger kennen sie, sondern auch Tausende anderer Menschen in Rußland und in der Emigration.

Xenja, mit Vatersnamen Grigorjewna, war die Frau des

---

[17] Historische Daten nach: Zeitschrift „Wetschnoje" 1/1948 (A. d. A.).

Obersten Andrej Fjodorowitsch Petrow, eines Hofsängers. Mit 26 Jahren wurde sie Witwe, und sie schien darob vor Kummer den Verstand zu verlieren. Sie verteilte ihr Hab und Gut den Armen, legte die Kleidung ihres verstorbenen Mannes an und verlangte, da sie ihren Namen vergessen hatte, daß man sie mit dem Namen ihres Gatten selig anspreche, also mit „Andrej Fjodorowitsch".

Jedoch bedeuteten diese Absonderlichkeiten nicht den Verlust des Verstandes, sondern lediglich die völlige Verachtung der weltlichen Güter und des Glaubens, diese Güter seien das Ziel der Existenz; die Verachtung auch der oft auf Lüge und Herzlosigkeit beruhenden äußeren Gesellschaftsformen.

Durch den Tod ihres geliebten Mannes erkannte die christliche Törin Xenja die ganze Unbeständigkeit und Zerbrechlichkeit des irdischen Glücks, strebte mit ganzem Herzen zum Allmächtigen, suchte Trost in ihm allein, trachtete nach seinem Schutz und Schirm und nach der Seligkeit, die seit der Erschaffung der Welt allen Gerechten zuteil wird. Die irdischen, vergänglichen Güter hatten nun für sie nicht den geringsten Wert mehr. Xenja hatte ein Haus, das sie einer Bekannten mit der Auflage schenkte, darin Armen Obdach zu gewähren. Sie selbst streifte auf der Petersburger Seite, einem armen Quartier, umher, und nachts ging sie aufs Feld hinaus, wo sie die Zeit im ständigen und innigen Gebet verbrachte. Als man begann, auf dem Smolensker Friedhof eine Kirche zu bauen, half Xenja nach Einbruch der Dunkelheit jeweils den Maurern, die Ziegelsteine auf den Rohbau hinaufzutragen.

Einige ihrer Verwandten wollten sie bei sich aufnehmen und mit allem Nötigen versorgen, doch antwortete ihnen die Selige, sie brauche nichts.

Als die Kleider ihres Mannes verfaulten, zog Xenja Lumpen und löchrige Schuhe ohne Strümpfe an. Sie trug nichts Warmes, sondern setzte ihren Körper der Kälte aus.

Die Petersburger liebten Xenja sehr; sie spürten ihre geistliche Kraft, verachtete doch Xenja alles um des Himmelreichs wegen. Kam sie in jemandes Haus, galt das als gutes Vorzeichen. Die Mütter freuten sich, wenn ihre Kinder von der Seligen geküßt wurden. Die Kutscher baten Xenja, sie auf ihren Droschken eine kurze Strecke mitzuführen, da ihnen dann an jenem Tag genügend Einnahmen sicher waren. Die Händler auf dem Markt gaben ihr immer gerne einen Kringel oder sonst etwas zu essen, und wenn die Selige das annahm, wurde die Ware schnell verkauft.

Xenja besaß eine Sehergabe. Am Vorabend des Weihnachtsfestes des Jahres 1762 ging sie in der Stadt umher und sagte: „Backt Pfannkuchen, morgen wird ganz Rußland Pfannkuchen backen." Tags darauf starb unerwartet die Zarin Elisabeth Petrowna[18].

Einige Tage vor der Ermordung des ehemaligen jungen Zaren Iwan Antonowitschs weinte die Selige und wiederholte nur: „Blut, Blut, Blut." Tatsächlich wurde der Jüngling kurz darauf, nach der erfolglosen Verschwörung Mirowitschs, getötet[19].

Einst kam Xenja in ein Haus, in dem eine erwachsene Tochter wohnte, und sagte zu diesem Mädchen: „Du trinkst hier in aller Ruhe Kaffee, während dein Mann im Stadtteil Ochta seine Frau begräbt." Einige Zeit später heira-

---

[18] Nach einem alten russischen Brauch werden zum Andenken an einen Verstorbenen Pfannkuchen (Bliny) gebacken.

[19] Es handelt sich um Iwan VI. (1740–1764), den Sohn einer Verwandten der Kaiserin Anna und von dieser zu ihrem Nachfolger designiert. In einer Zeit der einander ablösenden Palastrevolutionen war er als Vierjähriger für kurze Zeit Zar, wurde dann mit 16 Jahren in der Festung Schlüsselburg gefangengesetzt und schließlich dort bei einem mißlungenen, gegen Katharina die Große gerichteten Befreiungsversuch von seinen Wächtern ermordet.

tete diese Tochter einen Witwer, der am Tag, als Xenja sprach, auf dem Ochtaer Friedhof seine erste Frau beerdigt hatte.

Die selige Xenja starb am Ende des 18. Jahrhunderts, doch sind weder das Jahr noch der Tag ihres Todes überliefert. Sie wurde auf dem Smolensker Friedhof begraben, dessen Kirche zu bauen sie mitgeholfen hatte, und schon bald begannen die Gläubigen das Grab der Seligen zu verehren. Oft erschien sie Menschen in schwierigen Lagen, warnte vor Gefahren und bewahrte vor Unglück. Die Gerechte hörte nicht auf, allen, die sie gläubig anriefen, ihre mitleidsvolle Liebe zu erweisen, und es sind Fälle bekannt, wo sie Leidenden und Menschen in aussichtslosen Lagen Beistand leistete.

III. Vom leidenden Gott
und vom frohlockenden Menschen

Leidensdurst und Mitleidigkeit

„Ich denke, das wichtigste und das ursprünglichste geistige Bedürfnis des russischen Volkes ist das Bedürfnis des Leidens, des ständigen und unstillbaren Leidens. Von diesem Leidensdurst ist es scheinbar von alters her angesteckt", schreibt Dostojewskij im „Tagebuch eines Schriftstellers".

Das Leiden läutert und verklärt die Persönlichkeit. Die sich erbarmende Liebe, die mitleidende Liebe, die sich entäußernde Liebe (Kenosis): ohne diese Themen ist weder die russische Literatur noch das russische Geistesleben denkbar, die vom Schmerz für die ganze Welt durchdrungen sind.

Leiden wird durch Mitleiden beantwortet.

Die russische Geistesgeschichte beginnt mit Wladimir Solowjow, und bereits bei ihm nimmt das Mitleiden den Platz einer „Kardinaltugend" ein[1].

Im Gegensatz zur Liebe ist Erbarmen ein passives Gefühl.

---

[1] Das geschieht nicht ohne den Einfluß Schopenhauers, dessen Lehre der frühe Solowjow als „das letzte Wort der empirischen Ethik" betrachtet („Die Krise der westlichen Philosophie", 1874). Und selbst wenn in späteren Arbeiten die Liebe an die Stelle des Mitleids tritt und das endgültige Christentum an die Stelle des „Buddhismus", bleibt doch der anfängliche buddhistisch-schopenhauersche Einfluß spürbar. In der „Rechtfertigung des Guten"(1895) wächst die Liebe aus dem *Mitleid* heraus (A. d. A.).

Während die Liebe auferweckt und verklärt, härmen sich Mitleid und Erbarmen lediglich ab und sind Zaungäste, die nicht helfen können. Dem Erbarmen ist ein quasi buddhistischer Pessimismus eigen: Die ganze Welt ist Illusion, Schleier der Maja, der weder Substanz noch Wahrheit, noch Ewigkeit besitzt und der abgeworfen werden muß wie die Kette der Wiedergeburten.

Das gegenüberstellende reaktive Denken (Leiden – Mitleiden) ist nicht nur wegen seiner gnoseologischen Perspektivenlosigkeit gefährlich und inakzeptabel. Gefährlich ist übermäßige Mitleidigkeit auch vom geistlichen Standpunkt aus. Mitunter gehen Leidensbedürfnis und Erbarmen so weit, daß der Mensch vor Schwäche zusammenbricht und von der unerbittlichen Abfolge von Ursache und Wirkung erdrückt wird: Endlos gebiert ein Schmerz den anderen. Der Mensch verliert so den Glauben an die Auferstehung und an das Wunder und ist nicht mehr fähig für das, was die Orthodoxie „Nüchternheit" nennt. Auch hier besteht die Gefahr, von den Höhen der Reue und der Demut in eine lähmende Neurasthenie zu verfallen.

Harte Worte

Das Evangelium ist zwar von Erbarmen und Mitleid erfüllt, doch finden sich dort auch andere, feurige und für den Menschen grausame Worte: „So jemand zu mir kommt und hasset nicht seinen Vater, Mutter, Kind, Brüder, Schwestern, auch dazu sein eigen Leben, der kann nicht mein Jünger sein" (Lk 14, 26). Liebe pflegt also erbarmungslos und unmenschlich zu sein. Vor Gott, der sagt: „Ich bin heilig", vor seinem „brennenden Dornbusch" und seinem „verzehrenden Feuer" ist alles Menschliche nur „Staub und Asche".

Deshalb gilt die Gottesfurcht als „Beginn der Weisheit".

Der Begriff der Gottesfurcht ist nah an dem existentialistischen Konzept der Angst.

Die Unterscheidung von Furcht und Angst finden wir bekanntlich in der existentialistischen Philosophie – bei Kierkegaard, Heidegger, Sartre. Angst empfindet der Mensch demnach vor der Welt als Ganzem oder vor dem Nichts. Furcht dagegen hat er vor etwas Begrenztem und Endlichem. Heute herrschende Ideologien und Parteilehren sind auf der Furcht begründet, da sie von ihrer eigenen kleinen, partikularen Meinung geblendet sind.

Angst dagegen ist das Gegenteil von Furcht. Der Gottesfürchtige kann sich um nichts anderes mehr ängstigen. Die Gottesfurcht befreit von allen kleinlichen Gefühlen. Sie meint auch der heilige Gregorios Palamas, wenn er sagt: „Die Furcht kann sich in der Seele mit keinem anderen Gefühl vermengen; sie befreit die Seele von allem und läutert sie zum Gebet, auf daß sie zur sauberen Tafel werde, auf der die Gaben des Heiligen Geistes aufgezeichnet sind". Sowohl im Westen wie im Osten wird heute diese heilige Furcht mit gemeiner Furcht vertauscht. Bei uns in Rußland geschieht das, wenn die Ehrfurcht vor dem Ritual und der Zeremonie die Liebe aus dem Herzen vertreibt, wenn der Gotteseifer in furchterfüllten Haß allem Fremden gegenüber umschlägt. Im Westen wird von der Gottesfurcht im allgemeinen nicht gesprochen, und noch weniger wird sie erlebt. Kleinliche Sorgen und eine lügenhafte Vielfalt des Lebens – die Legion der Dämonen – bringen ein oberflächliches Aufklärertum und einen einseitigen Rationalismus hervor und drängen alles Irrationale und Unverständliche ins Unterbewußte ab. Hier spricht man oft von Toleranz und Liebe und denkt darüber nach; man versucht auch zu lieben, doch fehlt manchen der heilige Eros, die seelische Stärke, die es gestattet, in der Liebe und in der Gottesfurcht echt zu sein.

Tatsächlich gibt es zwischen der Liebe und der Angst keinen Gegensatz, erreicht doch gerade im Neuen Testament, dem Buch der Liebe, die Angst ihre äußerste Grenze. Es gibt keine größere Abgeschiedenheit als die Abgeschiedenheit des Sohnes vom Vater, und es gibt keine erschütternderen, schrecklicheren Worte als der Schrei Jesu: „Mein Gott, mein Gott, warum hast du mich verlassen?"

Nur durch das Kreuz ist ein derartiger Schreck in die Welt gekommen. In den schwierigsten Lagen ruft deshalb der Russe aus: „Die Kraft des Kreuzes ist mit uns", und deshalb auch ängstigen sich in der orthodoxen Tradition die Dämonen am meisten vor dem Kreuz, das gleichzeitig das Zeugnis der grenzenlosen, unvernünftigen Liebe Gottes zu den Menschen ist.

Gefährliche Gedanken

Der Weltliteratur und der Philosophie ist es nicht oft gelungen, sich auf dem Gipfel der evangelischen Synthese zu halten; manche Denker stürzten auf die eine oder die andere Seite ab. So finden sich unter den russischen Schriftstellern welche, die der Gottesfurcht den eindeutigen Vorrang vor der göttlichen Liebe einräumen, wie Konstantin Leontjew oder der späte Vater Pawel Florenskij. Die Mehrheit der russischen Schriftsteller und Philosophen jedoch „sündigt" in der anderen Richtung: Ihr Christus ist betont menschlich; er lebt und leidet bis zur völligen Entäußerung (Kenosis), mitunter bis zur Kraftlosigkeit.

Bekanntlich wollte Dostojewskij in der Gestalt des Fürsten Myschkin, des „Idioten", Christus darstellen. In seinen Tagebuchaufzeichnungen vermerkt er: „Der Fürst ist Christus" und: „Er ist seinem süßen Traum, den Menschen wieder aufzurichten und auferstehen zu lassen, treu." Im

Roman sagt der Fürst: „Das Mitleiden ist das oberste und vielleicht das einzige Existenzgesetz der ganzen Menschheit." Die tätige Liebe ist dem Fürsten verschlossen, und zwar nicht nur die leidenschaftliche Liebe Rogoshins, sondern auch die aktive Liebe des Heiligen (Starez Sossima), weshalb es anstelle der Erlösung bei Myschkin zur „kosmischen Verführung" kommt, zum Pantheismus anstatt zur persönlichen Beziehung des Christen. Dostojewskij begriff gut, daß Fürst Myschkin kein Heiliger ist, und er unterstrich dessen Krankhaftigkeit: „In seinem Blick lag etwas Stilles, aber Schweres (...) Das Gesicht des jungen Mannes war im übrigen angenehm, fein und mager, aber farblos."

Mereschkowskij sah in Fürst Myschkin ein sanftes dionysisches, ja don-juansches Wesen, von dem sogar Rogoshin weit entfernt ist. Zudem entlarvt ja Rogoshin selbst den Fürsten: „Am ehesten ist es wohl so, daß dein Erbarmen noch größer als meine Liebe ist." Dostojewskij mochte die Gefahr des kraftlosen Mitleidens bereits erkannt haben, machte er doch aus Fürst Myschkin nicht einen heilenden Arzt, sondern eher einen die Krankheit verschlimmernden und sie zur Katastrophe führenden Provokateur.

In der russischen Philosophie der nachfolgenden Jahrzehnte war die Idee des Leidens ebenfalls sehr lebendig. So finden wir bei Berdjajew bereits einen extremen und paradoxen Gedanken: Gott existiert bei ihm deshalb, weil es das Leiden und das Böse gibt: „Die Existenz des Bösen ist der Beweis der Existenz Gottes. Wäre die Welt ausschließlich gut und tugendhaft, wäre Gott gar nicht notwendig; die Welt wäre schon Gott" („Die Weltanschauung Dostojewskijs", 1923). Diese Gedanken sind gefährlich, da Berdjajew die Möglichkeit der Bewegung und der Entwicklung im Bösen selbst nicht sieht und das Böse zur Triebkraft des Lebens wird. Er beraubt sich dadurch der höheren Seinsebene der Askese, in der sich der Christ nur dank dem Guten und in ausschließlicher Bejahung und Verklärung bewegt. In der asketischen Sphäre gibt es weder Übergänge vom Negativen ins Positive noch „Verneinung der Verneinung" und auch keinen Kampf der Gegensätze, d. h. keine geistlose und banale rationalistische Dialektik. Mit seinen Postulaten, Gott existiere deshalb, weil es das Böse gebe, und – wie es an anderer Stelle heißt – die Freiheit sei „ursprünglicher" als Gott, steigt Berdjajew von der Ebene der geistigen Askese in die Plattheit des mephistophelisch-hegelschen Denkens hinab: „In deinem Nichts will ich alles finden." In dieser Philosophie ist die Verneinung die Hauptantriebskraft der Geschichte, und das Böse hat Ursprung und Vorrang vor Gott.

Unnötig zu sagen, wie fremd Berdjajew die traditionellen Begriffe von Gottes Allmacht, Allgüte und Allwissenheit sind. Die Idee des starken Gottes weckt Berdjajews Unmut; lieber ist ihm die Vorstellung von Gottes Leiden, vom Leiden nicht nur Christi, sondern auch der anderen göttlichen Personen der heiligen Dreifaltigkeiten.

Das Lamm Gottes

„Das Lamm Gottes ist seit der Erschaffung der Welt geschlachtet." Viele liebten es, diesen Satz zu wiederholen, vom Moskauer Metropoliten Philaret (1783–1867) über Alexander Bucharjow (1822–1881) bis zu Pawel Ewdokimow (1901–1970). Die Erschaffung der Welt selbst ist ein Opfer Gottes, seine Entäußerung (Kenosis). Vater Sergej Bulgakow (1871–1944) schreibt über die Kenosis der ganzen heiligen Dreifaltigkeit: „Das Liebesopfer des Vaters ist die Selbstentsagung und die Selbstverwüstung in der Geburt des Sohnes ... Dieses Opferleiden widerspricht der Seligkeit Gottes nicht nur nicht, sondern bildet im Gegenteil die Grundlage dieser Seligkeit, die leer und irreal wäre, wenn ihr nicht ein echtes Opfer und die Realität des Leidens zugrunde läge" („Das Lamm Gottes").

Das gleiche Bild des erniedrigten Christus finden wir bei Pasternak:

Ganz ohne Widerstand und Klage
legte er Wundertat und Allmacht ab,
ward wie wir Sterblichen, denen die Dinge
der Vater lieh, doch nicht zu eigen gab.
(„Gethsemane", deutsch von Mary von Holbeck).

Während Pasternak einer der ersten religiösen Dichter der Sowjetzeit wurde, entwickelte sich in der Emigration die Tradition des leidenden und menschlichen Gottes – anders als bei Vater Sergej Bulgakow und bei Pawel Ewdokimow – weiter. „Glaube ist Dialog. Aber Glaube ist auch beinahe Schweigen ... Gott gibt keine Befehle, er fordert lediglich auf: ‚Höre, Israel', oder ‚Wenn du vollkommen sein willst ...' ... Deshalb akzeptiert es Gott, unerkannt zu bleiben und verworfen und von seiner eigenen Schöpfung entfernt zu werden. Am Kreuz trat Gott wider Gott und für den Menschen auf ... Die Sünde des Menschen liegt nicht im Ungehorsam; dieser ist nur die unweigerliche Folgerung aus dem übrigen. Die Sünde ist, daß der Mensch die Gabe der Kommunion nicht annahm, auf die Freiheit verzichtete und sich von der Liebe des Sohnes lossagte ... Gott ist in die Welt gekommen, doch anscheinend will er nicht, daß der Mensch sich von seiner Göttlichkeit überzeuge. Gott versteckt sich sogar in seiner Offenbarung. Wie Pascal sagt: ‚Die Menschwerdung hat Gottes Antlitz noch stärker verhüllt' (...) Gott respektiert die menschliche Freiheit derart, daß er den Menschen nicht zwingen mag, Ihn zu lieben ... Glaube ist die Antwort des Menschen auf die Kenosis Gottes" („Die Abschnitte des geistigen Lebens").

Die andere Seite des Evangeliums

An diesen Gedanken ist, wie es scheint, nichts Maßloses oder Häretisches. Vergißt man jedoch die andere Seite des Evangeliums und die Tatsache, daß Gott den Christen in fühlbarer und sichtbarer und nicht in unbekannter Gestalt erschien und er mit Gewalt Saulus in Paulus verwandelte; vergißt man, daß er eine große Zahl von Wundern vollbrachte, den Heiligen Geist der menschlichen Wahrnehmung offenbarte und daß er „gewaltig predigte" (Mt 7, 29), so gleitet man leicht in eine gefährliche negative Sprache ab, in den Subjektivismus und in die Anerkennung nur der *inneren*, nicht der äußeren Kirche, wie wir das bei Pawel Ewdokimow sehen. Die christliche Auffassung von der Askese versucht er in eine rein „innere" Angelegenheit zu verwandeln. Er schreibt von einem nicht näher bekannten neuen, „inneren" Mönchtum und begründet seine Überlegungen ungefähr so: In unserer Zeit, wo es ohnehin schon eine Menge Spannungen, Streß und Lärm gibt, ist die äußere Askese (jene, die in der orthodoxen Kirche Pflicht ist) nicht mehr notwendig, da sie von der Welt gleichsam ersetzt wird. Asket braucht man nur „im Geiste" zu sein. Natürlich fehlt auch jeder Hinweis auf die ‚Gottesfurcht' und andere „unzeitgemäße" Dinge.

Heute führt die Gedanken Pawel Ewdokimows der französische orthodoxe Theologe Olivier Clément weiter, bei dem sich allerdings keine solchen übereilten Aussagen finden; doch auch er spricht mehr vom liebenden und leidenden als vom strafenden Gott.

„Gott ist derart frei, daß er imstande ist, seine eigene Transzendenz zu transzendieren und den Abgrund zwischen dem Erschaffenen und dem nicht Erschaffenen, zwischen ihm und der Welt, zu überbrücken, um mit dem Menschen eine tatsächliche Verbindung aufzunehmen und um mit ihm und den Engeln am wahren Drama der Liebe teilzuhaben ... Gott ist derart frei, daß er es dem Menschen freistellt, seine Allmacht geringzuschätzen" („Die Freiheit Gottes").

Wenden wir uns der Geschichte der westlichen Philosophie zu, sehen wir, daß dort die Rechtfertigung Gottes in der Neuzeit in den gleichen Bahnen verläuft. So findet sich beispielseise bei Schelling die Idee des sich „in sich entziehenden" Gottes, der dem Menschen völlige Handlungsfreiheit in der Geschichte überläßt. Auf diese Weise verwandelt sich die Theodizee Gottes in eine Theodizee des Menschen (s. dazu Odo Marquard, „Der angeklagte und der entlastete Mensch", in: „Abschied vom Prinzipiellen").

Sehr rasch tut dann die Rechtfertigung des Menschen den weiteren Schritt zur Rechtfertigung des Übermenschen und des Menschengottes. Die Theologie des nur leidenden Gottes geht leicht in die Theologie vom „Tod Gottes" über (Dorothee Sölle). Verschwindet Gott, so besteigt der Mensch den Thron.

Die Zeit hat ihre Mitte verloren

Vom Verlust der lebenspendenden Synthese in der europäischen Philosophie hat Nietzsche sehr richtig gesagt: „Für die Götter gibt es keinen anderen Ausweg: entweder sind sie Wille zur Macht und bleiben auf dieser Stufe Volksgötter, oder sie sind Willenlosigkeit, und dann werden sie notwendigerweise *gut*."

Die Suche nach einem solchen *guten* Gott hat in der westlichen Philosophie dazu geführt, daß ihr ständig etwas Negatives zugrunde liegt: der Tod, das Andere, die Verschiedenartigkeit, die Gewaltlosigkeit. In jeder beliebigen Erscheinung der Macht Willkür zu sehen, ringsumher nur die Mängel wahrzunehmen und dort zu protestieren, wo dies früher niemandem auch nur in den Sinn gekommen wäre, sind Zeichen der Zeit. „Der universale Mensch hat nichts mehr, womit er sich beschäftigen könnte; er hat keine Sorgen, und selbst wenn er noch wie eine Einzelperson stirbt, hat er weder Anfang noch Ende" (Maurice Blanchot, „Das unendliche Gespräch"). Der zeitgenössische Intellektuelle sieht Ungerechtigkeit und Gewalt nicht nur in der Existenz des Staates, sondern auch im Denken und in der Sprache selbst: „Verstand ist Folter" (Michel Foucault); „Sprechen heißt Willen zur Macht bekunden" (Roland Barthes).

Das zeitgenössische Denken entspringt der Reaktion, der Kränkung, dem Negativen, wobei auf das Negative auch negativ reagiert wird, wie man auf Leiden durch Mitleiden – nicht durch Liebe! – reagiert und auf den Tod durch ein passives Herbeirufen des Geheimnisses (wie bei Levinas) und nicht durch die Hoffnung auf den Sieg über den Tod und auf die Auferstehung. Gewalt wird mit Widerstandslosigkeit gemäß Gandhi beantwortet, wie das Beispiel der Pazifisten und der allgemeine quasi-buddhistische Ton der Demonstrationen der letzten Jahre zeigen. Die Negativität und die „Apophatik" (Verneinung)[2] des modernen Denkens sind fruchtlos. Im Gegensatz zur inhaltsreichen Verneinung der Mystiker und der Heiligen hat dieses Denken die Ewigkeit überhaupt nicht betreten, ja es ist nicht einmal bis zur Geschichte vorgestoßen: Seine Geschichtslosigkeit ist infantil. Leider hat sich die zeitgenössische Philosophie an ihre Schwächen gewöhnt, ja sie rühmt sich ihrer. Die Zeit hat ihre Mitte verloren. Sie hat die Kirche verloren.

In der Sowjetunion ist man schon einen Schritt weiter. Nach dem Verlust des unsichtbaren und nicht-allmächti-

---

[2] Siehe Anmerkung S. 91

gen Gottes – die Kirche brachte es vor der Revolution nicht fertig, ihre geistige Kraft der herannahenden Zerstörung entgegenzusetzen – ist man auf den durchaus sichtbaren Menschen gekommen, der die anderen zu leiden nötigt. Voller Ironie sprechen diesen Gedanken die Bauern in der „Arme-Leute-Chronik" des sowjetischen Schriftstellers Andrej Platonow aus:

„ ,Da ihr nun mal nicht denken könnt', schloß Schtschekotulow (ein militanter Atheist, T. G.), ,so glaubt ihr besser an mich – nur nicht an Gott'. ,Nein, Genosse Redner, du bist schlimmer als Gott! Gott ist wenigstens unsichtbar, und dafür sagen wir ihm danke schön; du aber, vor dir werden wir keine Ruhe haben.' "

IV. Auf der Suche nach dem Paradies

Rosanow: „Gott ist in mir"

Immer schon hat das russische Denken das Paradies ge-
sucht. Die Suche ist unendlich vielfältig, oft utopisch und
mit Nihilismus belastet, nicht selten aber auch tiefgründig,
kraftvoll und vom Heiligen Geist inspiriert.

Unsere Zeit ist wachsam gegenüber allzu großer Betrieb-
samkeit, Ideologie und Aggressivität – all dies ist dem Streben nach dem inneren und verborgenen, dem paradiesischen Menschen entgegengesetzt.

So ist es denn kein Zufall, daß man heute in Rußland einen der „verborgensten" Menschen, Wassilij Rosanow[1], so
viel liest. Rosanow ist das Genie der paradiesischen, mit der
Weisheit Gottes erfüllten Subjektivität. „Meine tiefste Subjektivität (das Pathos der Subjektivität) hat mich mein ganzes Leben hinter einem Vorhang verbringen lassen, der
weder abzunehmen oder zu zerreißen war." Und noch hef-
tiger: „Ja, ich habe einfach keine Form (die causa formalis
des Aristoteles) und bin ein Klumpen oder ein Bastwisch.
Doch das kommt daher, daß ich ganz Geist bin und ganz

---

[1] Wassilij Rosanow (1856–1919), russischer Schriftsteller, Religionsphilosoph und Literaturkritiker. Er war „ein unermüdlicher Kämpfer gegen
religiöse, soziale und sexuelle Tabus, er bekämpfte jeden Konformismus
und stellte alle peinlichen Fragen, die ihm in den Sinn kamen" (J. Holthu-
sen, Russische Literatur im 20. Jahrhundert).

Subjekt: Das Subjektive ist in mir tatsächlich unendlich entwickelt, wie ich das noch bei niemandem gesehen habe. Und es ist gut so. Ich bin der am wenigsten geborene Mensch – es ist, als läge ich noch zusammengerollt im Mutterleib (meine verstorbene Mama liebe ich unendlich) und hörte paradiesische Gesänge (es ist meine Besonderheit, ewig gleichsam Musik zu vernehmen). Und es ist gut so! Ausgezeichnet! Was zum Teufel brauche ich eine interessante Physiognomie oder ein neues Kleid, da ich selbst (in mir, dem Klumpen) ja unendlich interessant bin, meine Seele aber unendlich alt und erfahren, als wäre ich tausendjährig, und gleichzeitig jung, wie ein völliges Kind ... Gut! Sehr gut!"[2]

Rosanows gebärmutterhafte „Subjektivität" ist keinesfalls mit dem Subjekt der europäischen Philosophie gleichzusetzen. Die Aufgabe des Subjekts ist es ja, Objekt zu werden; Rosanow dagegen kann keine Form finden, kann und will sich auch nicht veräußerlichen. Seine Subjektivität flieht alle gesellschaftlichen und historischen Rollen. Das ist der Zustand des paradiesischen Menschen mit seiner unverfestigten Substanz, eines Menschen ohne Fellkleid (vgl. Gen 3, 21).

Die Versuchung ist groß, Rosanows Ablehnung aktiver Tätigkeit freudianisch zu verstehen, um so mehr als er selbst die traditionelle psychoanalytische Terminologie verwendet (″im Mutterleib" usw.). Seine Abneigung gegen das Geborenwerden als Abneigung zu deuten, mannhaft und erwachsen zu werden, wäre ein Irrtum. Im Gegenteil: Rosanow sucht nicht Infantilität, Potentialität oder Nicht-Sein (Nirwana), nein, ihn dürstet nach kosmischer Ganzheit,

---

[2] Solitaria, 1911; deutsch: W. W. Rosanow, Solitaria. Ausgewählte Schriften (eingeleitet und herausgegeben von Heinrich Stammler), München 1963.

Freiheit und Wärme, nach dem Paradies. Er findet es in der Kirche: „Was wäre die Welt ohne die Kirche? Sie verlöre mit einemmal ihren Sinn und würde erkalten." Seine sohneshafte Verbundenheit mit Gott ist so eng, daß er vom völligen Verlust des eigenen Willens, von der Wehrlosigkeit plötzlich zum frechen Ton eines verwöhnten Kindes überwechselt: „Alles wird erlaubt sein, weil alles erfleht sein wird." Rosanows Verweilen im Mutterleib bedeutet denn auch diese unumstößliche Gewißheit des Kindes, das die Welt nur von der Liebe her kennt. Wie Adam im Paradies ist er dem Schöpfer nicht entfremdet. „Und immer der Gedanke: ‚Gott ist in mir.'"

Das Böse dringt nicht ein, wo der Heilige Geist herrscht

Hier stoßen wir auf einen der verborgensten Züge der russischen Philosophie, auf ihre „Apophatik"[3], die natürlich mit der Apophatik des orthodoxen Denkens zusammenhängt.

Wenn die westliche Philosophie – Spinoza, Hegel, Freud, Heidegger, Jaspers u. a. – annahm, der Mensch sei um so vollkommener, je bestimmter – je stärker vergegenständlicht – er sei, und wenn sie den Gedanken vertrat, die Persönlichkeit werde durch eine aktive Wahl und Willensanstrengung geformt, so sagten die russischen Philosophen – insbesondere Rosanow und Schestow[4] – oft das Gegenteil:

---

[3] Das apophathische Denken (von griech. apophatikos – verneinend) versucht seinen Gegenstand mit Hilfe von negativen Definitionen auszudrücken. So sagt die apophatische Theologie von Gott, was er nicht ist (nicht erschaffen, unendlich usw.).

[4] Lew Schestow, eig. Lew Schwarzman (1866–1938, seit 1919 in Paris), orthodoxer Religionsphilosoph. „Athen und Jerusalem" ist eines seiner Hauptwerke (deutsche Übersetzung 1938).

die Stärke der menschlichen Persönlichkeit, ihre Freiheit liege nicht in der Wahl zwischen Gut und Böse, sondern in einer solchen Nähe („Nicht-Entfremdung") zu Gott, welche die Wahl selbst ausschließe, denn das Böse könne nicht in eine Welt einbrechen, wo allein der Heilige Geist herrscht. War bei Fichte, Jaspers und anderen europäischen Philosophen die Wahl die Grundlage der Freiheit und der Beweis für das Heranreifen des Menschen, ist beispielsweise für Schestow die Wahl nichts anderes als eine Willenslähmung und ein Zeugnis der Unfreiheit.

„Unzweifelhaft ist eines: indem die Menschen die Hand nach dem Baum der Erkenntnis ausstreckten, verloren sie die Freiheit." „Die Menschen haben offenbar schon ganz vergessen, daß in einer bestimmten, möglicherweise mythischen Epoche ihres Daseins ihnen die Möglichkeit angeboten wurde zu wählen nicht zwischen Gut und Böse, sondern zwischen der Existenz und der Nichtexistenz des Bösen." „Das freie Wesen hat das souveräne Recht, alle Dinge mit seinen Namen zu benennen, und wie er sie benennt, so werden sie heißen. Der freie Mensch hatte zuerst die Möglichkeit, das Böse nicht in die Welt einzulassen, aber jetzt kann er nur noch ‚auswählen' zwischen dem Bösen, das er nicht im Griff hat, und dem Guten, das ihm auch entgeht" („Athen und Jerusalem").

Auf den ersten Blick scheint es, als sei die Haltung Schestows (und auch die Rosanows) innerlich widersprüchlich, lebt er doch in der Welt der „Schlange", d. h. der nicht-paradiesischen Welt der Wahl, und was er auch immer tut, oder besser gesagt: was er auch immer nicht tut, ist er dazu verurteilt, eine Wahl zu treffen. Die Erörterungen über die paradiesische Freiheit sind indes weder Fiktion noch Märchen, weder Utopie noch Traum, da sie auf den Weg und die Methode hinweisen, mit deren Hilfe der Baum des Lebens erlangt werden kann. Wir haben bereits gesagt, daß dies die

Methode der „Apophatik" ist, die es uns erlaubt, unfehl
bar zu erfahren, was das Paradies und die Freiheit *nicht*
sind.

Freiheit trotz der Freiheit

Wir werden Leblosigkeit, Erstarrung und Lüge dort vorfin-
den, wo die meisten die Wahrheit sehen. In der Leidenschaftlichkeit der „Apophatik" lebten auch andere russische Schriftsteller. Erklärt etwa nicht gerade dieses Pathos
die unbeugsame Beharrlichkeit, mit der ein Tolstoj Heuchelei und Lüge auch dort entlarvte, wo niemand sie sah? In jedem Wort, in jeder Geste und in jeder menschlichen
Äußerung steckt eine Portion Lügenhaftigkeit und Unehr-
lichkeit. Es scheint, als ob der Mensch keinen Schritt tun
könne ohne Heuchelei und als ob die Lebensform selbst
schon den Tod in sich berge. Im tolstojschen „Herunterrei-
ßen von allen Masken aller Art" liegt die Sehnsucht nach
der Echtheit, Reinheit und Einfachheit des ursprünglichen
paradiesischen Lebens, wo es noch keine unbewegliche,
festgegossene Form gab, sondern wo alles zum erstenmal geschah.

Zu dieser gleichen „Freiheit trotz der Freiheit" strebt
auch Berdjajew. Er haßt nicht nur die soziale, kosmische,
ethische, ästhetische usw. „Sklaverei", sondern erträgt
selbst die „Objektivierung" nicht, d. h. etwas, ohne das der
Mensch in unserer Welt nicht leben könnte.

In diesem Sinne kann auch der „böse, kranke und unan-
genehme" Mensch aus dem Kellerloch bei Dostojewskij betrachtet werden. Wir sehen dann, daß sein Wunsch, „nach
seinem dummen Willen zu leben", nicht etwa ein Ausdruck des Individualismus ist. Wir haben nicht irgendeinen
Neurotiker vor uns, sondern einen Menschen, der das Ge-

heimnis der menschlichen Freiheit in sich birgt. Das Kellerloch, in das er vor dem Leben flüchtet, bedeutet den Widerwillen gegen Form, Bewegungslosigkeit und trügerischen Schein, den Haß auf die Offensichtlichkeit und die unabänderliche Langeweile des „zwei mal zwei ist vier". Für diesen Helden Dostojewskijs ist die Selbstzufriedenheit derart unerträglich, daß er Erniedrigung liebt (Rosanow: „Nach nichts sehnte ich mich so wie nach Erniedrigung"). Dem liegt ein tief religiöses Gefühl zugrunde, das vom Masochismus weit entfernt ist. Im Christentum und besonders in der russischen Orthodoxie gelten Stolz, Pharisäertum und Überheblichkeit als Hauptsünden, während die Königin aller Tugenden unablässige Reue ist. Dostojewskijs Mensch aus dem Kellerloch friert beständig in der kalten Welt; ihn drängt es, sich in eine Ecke zu verkriechen, und sein Körper ist paradieshaft nackt. Doch nie wird er die grellen und falschen Kleider weltlicher Rollen und „Würden" anziehen.

In der Kirche wird alles neu

Ein solcher Mensch mit „abgezogener Haut" sucht eine Mutter, um einen sicheren, körperwarmen Zufluchtsort zu bekommen.

Ruhe könnte eine solche Seele unter dem Schutz und Schirm der Himmelskönigin finden, die uns unsere „Sohnschaft" und das paradiesische Geborgensein der Kindheit wiederschenkt. In ihr wird die Mutterschaft der Kirche offenbar und das Wissen, das sowohl Dostojewskij als auch Rosanow besaßen.

Spricht Berdjajew von der Unfreiheit, Tolstoj von der Heuchelei und Schestow vom Zwang des Intellekts, nennt Gontscharows Held Oblomow (im gleichnamigen, 1847–1859 entstandenen Roman) dies Langeweile und betont damit die Sinnlosigkeit der äußeren, nicht-paradiesischen Welt.

In der russischen Kultur ist die Langeweile ein Synonym der Hölle. Swidrigajlow, dieser Kenner des Infernalen, gesteht Raskolnikow: „Ich sage Ihnen offen ... es ist sehr langweilig." Auch Gogol hatte stets das Bild einer gigantischen Langeweile vor Augen: „Langweilig ist's auf dieser Welt, Herrschaften!"[5] Mag er auch noch so schlau und einfallsreich sein, der Teufel ist absolut unfruchtbar. Allem, was er tut, fehlt das Neue. Trotz ihrer Fähigkeit, sich über alles lustig zu machen, kann die Hölle nichts als Abklatsch und Kopien hervorbringen, und das ist langweilig.

Die Kirche beantwortet die Frage der Langeweile mit ihrem paradiesischen Urdasein und mit der schöpferischen Kraft des Heiligen Geistes. In der Kirche wird alles neu geschaffen, und den sinnlos sich wiederholenden Alltag macht sie zum Fest.

Auch Oblomow träumt vom Fest

Auch Oblomow träumt vom Fest. Er ist ein großer „Apophatiker" mit einer reinen Seele und einem liebenden, „bodenlosen" Herzen.

„Oblomow" ist ein Schimpfwort, eine Art Archetyp. „Ich bin ein ewiger Oblomow", hat Rosanow von sich gesagt – er hatte recht. In unserer Zeit hat man erneut von diesem „faulen", „vegetativen" Wesen gesprochen, das „sich nicht einmal regen mag" (Iwanow-Rasumnik)[6].

---

[5] Die letzten Worte der „Geschichte, wie sich Iwan Iwanowitsch mit Iwan Nikiforowitsch zerstritt".
[6] Eig. Rasumnik Wassiljewitsch Iwanow, russischer Literaturkritiker (1878–1946).

Aufs Amt gehen, Berichte schreiben ... die geschäftige Welt Wolkows und Sudbinskijs langweilt Oblomow tödlich, wie ihn die „Öffentlichkeit" langweilt, Vergnügungen, Bälle, Theater, Auslandsreisen und hergereiste Schönheiten. Das Leben ist für ihn in zwei Hälften geteilt, die eine ist Arbeit und Langeweile, die andere Ruhe und stille Freude. Oblomow lehnt buchstäblich jede Tätigkeit ab. „Liegen war sein Normalzustand." Vergleicht man Oblomow mit einem anderen berühmten Faulenzer, dem Eichendorffschen Taugenichts, wird klar, daß dieser sich vor dem Hintergrund Oblomows beinahe als faustische Gestalt, als ein unermüdlicher, unternehmungslustiger Mensch ausnimmt: Der Held Eichendorffs läßt sich in eine gewagte Reise ein, erlebt unwahrscheinliche Abenteuer, trägt das Feuer einer hoffnungslosen Liebe unversehrt durch alle Prüfungen hindurch und heiratet glücklich am Schluß der Novelle. Dieser Taugenichts ist „historisch" und hat einen Lebenslauf.

Oblomow dagegen fehlt jegliches Interesse an Selbstverwirklichung und jeder Wille zum täglichen Leben. Eine riesenhafte Lustlosigkeit zeichnet ihn aus.

An der Gestalt Oblomows ist überhaupt nichts Romantisches, nein, sein Leben ist unverbrüchlich mit einem warmen Morgenrock und der regungslosen Stille des Häuschens auf der Wyborger Seite verbunden. Er steht den Ereignissen um ihn herum so gleichgültig gegenüber, daß er das Weltall mit den gleichen erstaunten Augen ansieht wie sein Eigentum, so als frage er: „Wer hat denn das alles hierhergeschleppt und aufgestellt?"

Doch bewegen diesen Faulenzer nicht etwa müßige Fragen. „Wann kann ich leben?" will er wissen. „Wie sinnlos und häßlich ist dieser ganze Lärm! Wann beginnt denn eigentlich das paradiesische Leben, das ich mir wünsche? Wann kann ich in die Felder und in die vertrauten Haine?" fragt er. Und er freut sich, „daß er tatenlos daliegt wie ein

Neugeborener, daß er nicht tausend Dinge um sich herum hat und daß er nichts verkauft". Erinnert diese unerschütterliche Gelassenheit nicht an den Gutsbesitzer Manilow aus Gogols „Toten Seelen"? Nein, ein solcher Vergleich wäre unzutreffend. Manilow ist ein Opfer der Langeweile und der Banalität, während Oblomow sich nicht einfach danach sehnt, in ewigem Genuß und in Fröhlichkeit aufzugehen, sondern einen Sinn sucht. Er träumt nicht nur von seinen „vertrauten Hainen" und von der Sonne, sondern auch vom vollwertigen, von Gott geliebten Menschen. „Ein Mensch, gebt mir einen Menschen her." „Lieben Sie ihn", sagt er mit ungewöhnlicher Leidenschaftlichkeit. Oblomow hat eine verborgene und paradiesische Seele; er möchte „von innen heraus leben", doch gelingt es ihm nicht, sein Inneres nach außen zu kehren und das Hautkleid einer sinnlosen, stumpfsinnigen Existenz zu durchstoßen. Diese seine Kraftlosigkeit macht ihn faul, aber nicht langweilig, im Gegenteil: er haßt die Langeweile wie den Tod; sie ist für ihn der schrecklichste Zustand auf Erden.

Mehr Lebensintensität und damit den Aufstieg zu einer höheren Seinsebene findet Oblomow in der Liebe, einer Liebe, die vollkommen wird, wenn sie vor den tödlichen Blicken der Umgebung versteckt ist, wenn Oblomow und Olga sich in der blühenden Allee und in der schattigen Stille des Gartens treffen. Doch zieht sich Oblomows Seele zusammen und verwelkt, sobald eine „Gesellschaft" auftaucht.

Er kann nur von seinem verlorenen Paradies träumen, dem Dorf Oblomowka, wo ewiger Frühling herrscht: So entflieht er der Geschichte mit ihrem linearen, vorbestimmten Verlauf. Er flieht in die wunderbare und sorglose Zeit des Festtags, erinnert sich an die Geschichten seiner Kinderfrau, wonach „in irgendeinem fernen Land, wo es weder Nächte gibt noch Kälte, wo immerdar Wunder geschehen, wo Flüsse von Milch und Honig fließen, wo das ganze Jahr lang niemand den Finger rührt, sondern den lieben Tag lang nur weiß, daß alle Recken, wie Ilja Iljitsch einer ist, und auch die Mägdlein, schöner als im Märchen und mit der Feder nicht zu beschreiben, Muße haben". Das Paradies gleicht hier einem Märchen, einer naiven Utopie. Oblomowka feiert nicht nur, sondern ist auch in Apathie versunken – all das schmälert zweifellos die Figur Oblomows, ohne sie jedoch ihrer Wichtigkeit zu berauben. Nicht umsonst hat man Oblomow mit Don Quijote verglichen: Bei beiden Gestalten ist das ideale, paradiesische Prinzip so stark spürbar, daß die Utopie – und sei es auch nur eine Sekunde lang – zur Wahrheit wird. Das Wort „Utopie" ist eigentlich kaum mehr am Platz, führen uns doch Oblomow und Don Quijote in eine nicht erdachte Welt ein und ist doch zudem ihr Ideal realer als alle Sentenzen des Alltags.

Die Liebe ist das höchste

Man kann den Vergleich fortführen und sagen, Oblomow sei auch dem russischen Don Quijote, dem Fürsten Myschkin in Dostojewskijs Roman „Der Idiot" ähnlich. Fürst Myschkin kommt aus einem fernen, paradiesischen Land in eine dumpfe Welt voller Leidenschaft und Berechnung. Er hat schon den Tod überlebt und ist dort, in jener anderen Welt, der ewig in göttlicher Weisheit ruhenden Schönheit begegnet, weshalb er diese auch in ihrer irdischen und geschändeten Form hier sofort wiedererkennt, als er Nastassja Filippowna trifft. Fürst Myschkin will diese Welt mit Liebe erfüllen, und er spricht mit seinen Mitmenschen die direkte und überraschende Sprache des Herzens. Doch auch er – wie Oblomow und Don Quijote – vermag

die Wand zwischen den beiden Seinsebenen nicht herun-
terzureißen und das Innere mit dem Äußeren zu vereinen. Er ist kein Heiliger, und er besitzt nicht genügend
Kraft, um jemanden von den Toten aufzuerwecken. Er
wird selber das Opfer von Leidenschaften und Elementar-
gewalten.

Zum Thema des Paradieses kann auch Gogols Erzählung
„Die altväterlichen Gutsbesitzer" einen Beitrag leisten. Wir
schließen uns der Meinung Remisows[7] an: „In den ‚Altväterlichen Gutsbesitzern‘ ist in mathematisch reiner Form
der gesegnete paradiesische Zustand des Menschen darge-
stellt, der von allen Gedanken und Wünschen befreit ist,
auf welchen der Urfluch der Zeit und des Todes liegt. Gezeigt wird das Höchste und Einzige: die Liebe des Menschen
zum Menschen. ‚Wir werden uns im Jenseits wiedersehen!‘
spricht Pulcherija Iwanowna vor ihrem Tod. ‚Legt mich zu
Pulcherija Iwanowna‘, ist das letzte Wort Afanasijj Iwano-
witschs" („Das Feuer der Dinge").

Wir sind gewohnt, unsere russischen Philemon und Bau-
cis überheblich zu belächeln. Von der Schule her weiß man
noch, daß die beiden Alten dort „Kleinbürger" genannt werden, ganz im Tonfall Bjelinskijs[8]: „Plattheit, Niederträchtig-
keit eines tierischen, scheußlichen, karikaturhaften Lebens, zwei Parodien auf die Menschheit …" – mit solchen
Worten tat der „rasende Wissarion" seine Entrüstung kund.
Wer Ohren hat, der höre. Bjelinskij und andere sind zu aktiv, zu zielgerichtet und allzusehr von „Ideen" besessen, um
die innere Melodie der Ewigkeit zu vernehmen. „Wie grob

---

[7] Alexej Remisow (1877–1957, seit 1921 emigriert), Schriftsteller und
Übersetzer.
[8] Wissarion Bjelinskij (1811–1848), der einflußreichste Literaturkritiker
des 19. Jahrhunderts. Wegen der sozialkritischen Stoßrichtung und seines
Bekenntnisses zum Realismus ist er in der Sowjetunion bis heute Bewer-
tungsmaßstab für die ganze russische Literatur seiner Zeit.

und deshalb wie unglücklich", könnte Rosanow in diesem Falle sagen.

Von den uns zeitlich näherstehenden Schriftstellern ist Andrej Platonow (1899–1951) der „paradiesischste". Seine eigenartigen und wunderlichen Gestalten, die jeden Augenblick die Welt neu entdecken, tragen auf ihren Gesichtern den Widerschein des Paradieses. „Er bedauerte nur eines – daß er etwas älter geworden war und es nichts Unverhofftes mehr in der Seele gab wie früher." Der innere und vergeistigte Mensch lebt in einer unerhörten Spannung und gewinnt jede Sekunde eine Schlacht – nicht gegen die Gesellschaft und nicht gegen seine Feinde, sondern gegen den Tod (den zweiten Tod), und besiegt die morastige Sinnlosigkeit der Existenz. Er gewinnt diesen Kampf nicht nur für sich, sondern für das ganze Universum. Bei Platonow trifft man nicht selten den Gedanken der Kirchenväter, der aus dem Paradies vertriebene Mensch müsse durch die Liebe jetzt wieder alles Lebende vereinen und jedes Geschöpf mit Gott versöhnen. Nasar Fomin „fühlte die stumme Trauer des Universums, die nur der Mensch verstehen, ausdrücken und überwinden kann, und darin liegt seine Pflicht" („Aphrodite").

Das utopische Paradies der Revolutionäre

Zum Schluß dieses Kapitels möchte ich noch bei einem anderen, nicht weniger russischen und nicht weniger beliebten Bild des Paradieses verweilen. Wir haben literarische Werke betrachtet, denen die Sehnsucht nach dem inneren Menschen zugrunde liegt sowie nach Gott, „bei dem es nie langweilig ist" (Rosanow). Doch es gibt auch das Paradies der Utopie, einer Utopie, die nicht mehr auf der Selbsterniedrigung beruht, sondern auf der Selbstverausgabung, ja auf dem Selbstmord. In dieser Utopie wird das „Paradies" zu haltlosem Anarchismus und Nihilismus, zum Wahnsinn der Leidenschaft. Paradies, Fest und Revolution verschmelzen hier.

„Ach, dieses ewige russische Bedürfnis nach dem Fest. Was für Sinnesmenschen sind wir, wie dürstet uns danach, uns am Leben zu berauschen; nicht nur es zu genießen, nein, sondern uns daran zu berauschen – wie zieht es uns zum endlosen Rausch, zur Trunkenheit, und wie langweilig sind uns Werktage und planmäßige Arbeit! ... Und doch: war nicht gerade der Urtraum von Flüssen von Milch, von zügelloser Freiheit und vom Fest einer der Hauptgründe der russischen Revolutionslust? Und was ist überhaupt der russische Protestler, Aufrührer, Revolutionär, immer grotesk von der Wirklichkeit abgeschnitten und diese verachtend, sich nicht im geringsten dem Verstand, der Berechnung, der unscheinbaren, gemächlichen und grauen Arbeit unterwerfend! Wie! In der Kanzlei eines Gouverneurs arbeiten, irgendein jämmerliches Scherflein zum Gesamtwohl beitragen! Um nichts in der Welt – ‚den Wagen brauche ich, her mit meinem Wagen'" (Bunin, Das Leben Arsenjews)[9].

Teuer ist uns dieses leidenschaftliche Bedürfnis nach dem Fest zu stehen gekommen. Man hat versucht, das Paradies auf Erden zu errichten, das Reich Gottes ohne Gott und aus eigenen Kräften zu erbauen. „Am Anfang aller Revolutionen blicken die Menschen offenbar über die Grenze des Sündenfalls. Friedrich Schlegel hat gesagt, Faulheit sei das einzige gottähnliche Fragment, das uns das Paradies hinterlassen habe. Zu Beginn einer Revolution sind alle faul,

---

[9] Iwan Bunin (1870–1953, seit 1920 in Frankreich) erhielt 1933 als erster russischer Schriftsteller den Nobelpreis. Sein autobiographischer Roman „Das Leben Arsenjews" erschien 1930 (Titel der deutschen Übersetzung „Im Anbruch der Tage"). – ‚Den Wagen ...': Die letzten Worte Tschatzkijs in Gribojedows Komödie „Verstand schafft Leiden".

alle sind Deserteure, und die Revolution selbst ist eine Desertion aus der Kultur" (B. Paramonow in: Zeitschrift „Kontinent", Nr. 35).

Für die Revolution sind ein aufrührerischer, anarchistischer Geist, Liebe zum Chaos und Haß gegen die Routine nötig. Nicht nur die Ideologie liegt der Revolution zugrunde, sondern auch das uralte Bedürfnis des russischen Geistes, alle Grenzen zu überschreiten, den Rahmen der Geschichte und der Kultur zu sprengen und ins Reich der „Unschuld" einzugehen. Es ist zur Genüge bekannt, daß diese utopischen Versuche, das Paradies zu erlangen, in Wirklichkeit zu den unwahrscheinlichsten Arten von Abhängigkeit führen, daß der Mensch Sklave der elementaren Triebe und der teuflischen Kräfte wird und daß er anstatt des Lebensbaumes das „Nirwana" findet und in existentieller Lähmung erstarrt.

Das wiedergefundene Fest, das ewige Paradies

Gott sei Dank ist die Zeit der Utopien für uns vorbei. Und dem Paradies, dem echten, dem göttlichen Paradies sind wir wieder nähergekommen, so wie uns auch das rettende und notwendige Gebet zur heiligen Gottesmutter nah ist: „Durch dich erlangen wir das Paradies, reine, gesegnete Gottesgebärerin!" Durch Leiden ist das russische Bewußtsein von der Mythologie geläutert worden und hat die Mystik entdeckt.

Die Kirche: in ihr sind das wiedergefundene Paradies und das ewige Fest. Besonders gut sichtbar ist das im heutigen Rußland, wo die Kirche der Himmel auf Erden ist, wo von den strahlenden Gewändern der Priester und den Bettlerlumpen der Pilgerinnen dasselbe geheimnisvolle Licht ausgeht, wo das vielfache Flackern der Öllämpchen in eine wunderbare Welt einführt. Goldene Ikonen leuchten im Schein der froh zu Gott aufgerichteten Kerzen. Im höhlenartigen Halbdunkel spürt man unwillkürlich das Mysterium tremendum und das Mysterium fascinosum, das, was Rudolf Otto „das Heilige" genannt hat.

Gerade in der Kirche finden wir das Gefühl der Freiheit vor. Die Kirche ist das Vaterhaus, wo Gott dich so aufnimmt, wie du bist. Und an die Kirche kann man sich unmöglich gewöhnen; sie ist wie das Paradies ewig jung, und in ihr ist es nie langweilig.

V. Eindrücke aus dem Westen

Wo Schönheit fehlt, fehlt auch Freiheit

In unserer Zeit ist Schönheit sichtlich vergessen und aus der Mode gekommen, selbst in der Kirche. Sieht man sich die in unserem Jahrhundert gebauten Kirchen an, wird man durch ihre Trostlosigkeit an Baracken erinnert. Das Mysterium ist entblößt, der Schein der himmlischen (oder auch bloß der irdischen) Schönheit umfängt es nicht mehr. Bedenkt man dabei noch, daß sehr oft sich der Gottesdienst unter Verletzung aller „diamantenen Gesetze der Askese" (Vater Pawel Florenskij) auf zwanzig Minuten verkürzt hat und die Gesänge fehlen, daß manche schönen Gebete aufgegeben worden sind und das Gefühl für das Paradies sich verflüchtigt hat, wird klar, warum die Kirche wenig anziehend wirkt, denn psychologisch verkürzt sich die Dauer der Messe für diejenigen, die sich darin langweilen, überhaupt nicht. Wird doch Leichtigkeit durch Kampf, Läuterung und Überwindung erreicht und das Himmelreich „durch Gewalt" eingenommen (Mt 11, 12).

Die Liturgie ist Fülle des Seins, höchste Synthese des Göttlichen und des Menschlichen. Man macht eine Formalität aus ihr. Wo Schönheit fehlt, fehlt auch Freiheit, Frohlocken und Feiern.

„Wo sind die Löwen?"

Ein großes Stadion in einer italienischen Stadt. Mehrere Tausend Menschen versammeln sich hier vor dem Aufbruch zum berühmten Pilgerort der Gottesmutter. Sie schreien laute Lieder, reißen die Arme im Takt hoch und hüpfen gemeinsam herum. Ich gehöre zu denen, die sprechen und den Leuten ein Wort mit auf den Weg geben müssen. Ich habe Lust zu sterben, mir wird übel, und ich falle fast in Ohnmacht. Hoch über dem Stadion fliegen Schwalben und zwitschern frei ... ich beneide sie. Die Organisatoren frage ich nur, wo denn die Löwen seien. Früher wurden Christen von wilden Tieren zerrissen, heute sind diese Christen hier selber eine wilde, schreiende Menge, die sich nur vom Trieb der Masse und des Lärms leiten läßt.

Ein Bischof trat auf und erinnerte an Christus, doch der Ton gefiel mir nicht besonders. In seiner Stimme lag weder Tiefe noch Sammlung, als bringe sie nur noch einen kalten und rein äußerlich starken Willen zum Ausdruck. Es war die Stimme eines Diktators, eines Tribunen, eines Parteiführers, eine Stimme, die ihre Form nicht gefunden hatte und gedankenlos und leichtsinnig einen fremden Stil nachahmte. Hier in Westeuropa habe ich mit Besorgnis festgestellt, wie wenig die Kirchenmänner realisieren, daß die schon vor mehreren Jahrhunderten entstandene europäische Lebensform erstarrt und mechanisch geworden ist. Man muß vom inneren und verborgenen Zustand des Gebets ausgehen.

Die Pilger, die sich anschickten, zur Gottesmutter zu beten, unterschieden sich in nichts von „Heiden"; sie waren eine Menschenmasse. Wie kann man denn die Gottesmutter, das tiefste Geheimnis des Christentums, mit diesem Geschrei verbinden? Oder können die Christen nur noch Losungen verstehen?

Verkalkte Formen

Ist übertriebene Liebe zur verkalkten, inhaltlosen Form nicht Rückkehr zur Antike, wo Formlosigkeit etwas nur Negatives war und als Chaos und als etwas Unvollendetes verstanden wurde? Nicht umsonst stößt man in der europäischen Kultur immer wieder auf den Nihilismus des Fatums und des Schicksals. Bei Freud (Ödipus) und Camus (Sisyphus), bei Adorno und Habermas (Odyssee) werden antike Mythen wiederbelebt.

In der russischen Kultur hat der Nihilismus mehr gotteskämpferische und in diesem Sinne christlichere Formen angenommen: Das ist der Schrei Ijiobs, der nächtliche Kampf Jakobs, das sind also Gestalten, die sich gegen den biblischen Gott auflehnen. Besonders gut hat das Dostojewskij gezeigt.

„Also wer hat recht, Tatjana Michajlowna ...?"

Immer das Kollektiv, immer die Gruppe und die Herde. Das Verbot, allein zu sein. Als in der Gesellschaft des siegreichen Kollektivs Aufgewachsene fürchten wir instinktiv jede Macht der Allgemeinheit über uns. Ich weiß noch, wie mich ein KGB-Offizier ironisch lächelnd fragte: „Also wer hat recht, Tatjana Michajlowna, Sie oder 260 Millionen?" Auch hier im Westen, sogar im Schoß der Kirche, findet man Unfreiheit. Vor kurzem erzählte mir ein junger Katholik, der mit anderen Glaubensbrüdern in einer Wohngemeinschaft lebt: „Nur die ersten Jahre war es hart. Doch ich habe mit mir gerungen und mich überwunden, und jetzt ist es für mich ganz einfach, ein Katholik zu sein, d. h. alles wie die anderen zu machen."

Man wird dabei an Dostojewskijs Legende vom Großinquisitor erinnert, der die Menschen im Bestreben, sie von der untragbaren Last der christlichen Freiheit zu „erretten", glücklich macht. Wahrhaftig: „Die frohlockende Hölle und das weinende Paradies."

Ich glaube, man muß sich zuerst selber finden, bevor man auf die Suche nach Gott geht. Gott braucht unsere frei gewählte Liebe, unsere Persönlichkeit. Die Persönlichkeit aber formt sich durch die freie Wahl. Auch darin haben wir russische Christen „Glück". Unser Leben in einer wirklich asketischen und eschatologischen Epoche bedingt, daß wir jeden Augenblick auf der Hut sein und zwischen Leben und Tod, zwischen Gott und Teufel wählen müssen. Die Unbedingtheit dieser Wahl bildet eine starke und mutige Persönlichkeit, die gleichzeitig fest auf Gott vertraut. So lernt der Mensch durch Erfahrung, wozu er fähig und wozu Gott fähig ist.

„Wer sich gesehen hat, steht höher als der von den Toten Auferstandene", sagt der heilige Isaak der Syrer. Aber was sollen die Christen im Westen tun, wenn die größte Wahl in diesem Leben die Wahl zwischen zwei Autos ist? Wie sich finden, wie spüren, daß man Gott braucht? Das werde ich bei meinen Vorträgen oft gefragt. Wo und unter welchen Bedingungen sie auch leben, haben alle Christen etwas Gemeinsames: das Gebet.

Das Gebet ist schwerer sowie gefahren- und verantwortungsvoller als alle beliebigen sozialen, politischen und anderen Prüfungen. Im Gebet opfert der Mensch so, wie er auch in den entscheidendsten Augenblicken seines Lebens nicht opfert, und er empfängt eine Freude, von der Helden, Revolutionäre, Kämpfer für Ideen und soziale Gerechtigkeit gar keine Vorstellung haben. In meinem Leben bin ich keinen weiseren und hervorragenderen Menschen begegnet als den Menschen des Gebets. Beten aber kann man auch in dieser Gesellschaft, die sich so weit von Gott entfernt hat.

Die Künstlichkeit der westlichen Welt frappiert. In Paris stehen vor Weihnachten überall künstliche Tannenbäume mit künstlichem Schnee. In Gärten, Parks und sogar in Wäldern gibt es künstliche Weglein, Bächlein, Tischchen; alles ist sorgfältig saubergefegt – ringsumher Spuren der Zivilisation. Im Hause Doppelgardinen und zweifache Tischdecken, im Laden Verpackung mit Sorgfalt, Transport in Plastiktüte. Alles besagt, daß der Mensch die Sache nicht nur besitzt: er besitzt sie mit Leidenschaft und mit Nachdruck.

Ritualhygiene, Tautologie der Dinge. Säckchen, Einfassungen, Tütchen – wieviel überflüssige Sorge, wieviel nutzlos verlorene Energie! Es ist, als wolle sich der Mensch dadurch vor etwas schützen, als ob er die Senkrechte seines Lebens verloren habe und nun auf allen vieren eine „Quadrillion Kilometer" in völliger Einsamkeit und Finsternis zurücklegen müsse und dabei seinen Weg mit unnötigen, aber *ihm gehörenden* Dingen auslegt, um die Leere nicht zu spüren.

Heidegger hat von den ewig besorgten Leuten gesagt, sie hätten ständig keine Zeit.

Alltäglichkeit ist ein Schimpfwort geworden, ein Synonym für Hast und Eile, für Geschwätz und für das „Man". Das Christentum aber ruft dazu auf, gerade die Alltäglichkeit zu heiligen. Darin ist es real und stärker als jede Romantik. Der Starez Paisij Welitschkowskij spricht vom Mönch als von einem „Märtyrer des *Alltags*".

Die wahrhaft Suchenden und Leidenden

Die schlimmste Sünde unserer Zeit ist wohl die Mißachtung des Gebots: „Trachtet zuerst nach dem Reich Gottes"
(Mt 6, 33).

Die mit Kleinbürgern und Konformisten gefüllte Kirche läßt die wahrhaft Suchenden und Leidenden nicht zu sich kommen: „Sie gehen selber nicht hinein und lassen die anderen nicht durch." Wie leid tut einem, wer für den Glauben schon herangereift ist, wer Gott braucht und in dieser Welt der Dinge und der Menge verschmachtet, aber in die Kirche keinen Einlaß findet. „Und meine Schafe haben sich zerstreut und sind Beute jeglichen wilden Tiers geworden."

So stark wird die Sehnsucht werden

Wie viele sympathische, wohlwollende und gute Menschen gibt es ringsum! Keine Grobheit, keine Nervosität – man sieht, daß die westliche Zivilisation die Schule des Humanismus durchlaufen hat. Und welch eine Liebe zu fremden und fernen Ländern und Kulturen, welch ein Bestreben zu verstehen und zu helfen! Vielleicht ist nur Europa fähig, derart das andere zu achten, nur es ist extrem selbstkritisch und offen zum Dialog. Für mich sind das unerwartete und freudige Erlebnisse. Und wie sorgt man sich nicht nur um Menschen, sondern auch um die anderen Geschöpfe, um Tiere und Pflanzen; wie viel Mitleiden ist in den Herzen, wie viel Eingeständnis der eigenen Fehler. Und wofür wird nicht alles gespendet! Für die Dritte Welt, für die Bedürfnisse unserer verfolgten Kirche. Wir sind glücklich darüber, dank eurer Hilfe und Unterstützung halten wir aus, liebe westliche Brüder und Schwestern!

Und doch ... Wenn wir gründlich nachdenken: Welche Kirche und welche Christen muß man retten?

Es ist beschämend, daß das *christliche* Europa reicher als alle Länder und Kontinente, ja als die ganze übrige nichtchristliche Welt ist. Es hat sich an seinen Reichtum gewöhnt und vermag sich weder von ihm zu trennen noch sich an ihm zu freuen.

Erinnern nicht viele Opferspenden an die alten Ablässe, mit denen man sich von Gewissensbissen loskauft und seinen Seelenkomfort bewahrt? Eine Katholikin sagte einmal zu mir: „Früher wechselte ich meine Kleider dreimal im Tag und heute nur noch einmal; wir haben beschlossen, asketisch zu leben."

Gott sieht auch solche „Opfer" und läßt sie nicht ohne Belohnung. Doch wenn heute Abertausende die Kirche verlassen, muß man da nicht ein bißchen bedingungsloser und schonungsloser zu sich selbst sein? Hat doch der Herr nicht für einige ausgewählte Helden, sondern für alle Christen gesagt: „Laß alles zurück, nimm dein Kreuz auf dich und folge mir nach!" (vgl. Mk 8, 34). Ist nicht die Zeit für den christlichen Maximalismus gekommen?

Im übrigen bin ich sicher, daß auch der Kirche im Westen der Heilige Geist einst klar und gewaltvoll seine Stärke zeigen wird, wie er das bei uns in Rußland getan hat; dann wird der Verzicht auf die Güter dieser Welt nicht mehr etwas Qualvolles, sondern etwas Natürliches sein, das von selbst und unbemerkt vor sich gehen wird. So stark wird die Sehnsucht nach Erlösung werden.

Wieso werden Menschen plötzlich so dumm?

Nähert sich die westliche Gesellschaft nicht schon jetzt dem Zustand der sowjetischen Schizophrenie?

Nach einem Vortrag, in welchem ich sagte, die Probleme von Mann und Frau seien für mich in gleichem Maße wichtig, warf mir eine Feministin vor, ich verletze das Solidaritätsprinzip. Solidarität der Frauen, der Klassen, der Rassen, des Kollektivs ... warum werden Leute, die im persönlichen Gespräch ganz normal sind, plötzlich so dumm, wenn es um Parteiinteressen geht? Das gleicht schon den Sowjetmenschen, die ein zwei- und dreifaches Leben führen, indem sie das eine denken, das andere tun und das dritte sagen. Den Leuten, die im häuslichen Kreis nett und gescheit sind, gleichzeitig aber die Invasion in Afghanistan, den Tod der eigenen Kinder und naher Menschen in diesem fremden Land befürworten, Gefängnis für Sacharow und Unterdrückung der polnischen Solidarność verlangen, für all das in Massenveranstaltungen und Betriebsversammlungen stimmen und jedes beliebige verbrecherische Dokument unterschreiben. Die Macht der Menge und der Masse.

Am Fernsehen erlebt

Schrecklich, wie man diesen Kindern das Schwatzen beibringt. „Was sind Heilige?", fragt man sie. „Glatzköpfige Onkel, denen man Denkmäler baut." Sie sprechen, ohne zu überlegen; keines geniert sich, keines konzentriert sich.

Das Unglück der Christen im Westen

Einst, vor fünf Jahren – ich war eben erst im Westen ange-
kommen –, blickte ich Nonnen in der U-Bahn und ruhig
auf der Straße spazierende Priester in Soutane mit Herzstok-
ken an. Man stelle sich vor: Engel sind in unsere prosaische,
lieblose Welt herabgestiegen! Und sie fliegen nicht fort, lösen sich nicht in Luft auf und sind keine Fata Morgana. Ich
konnte es immer noch nicht fassen, ich wollte zu diesen
Wesen hintreten und ihre feierlichen und keuschen Ge-
wänder berühren. Für einen – auch ehemaligen – Sowjetmenschen sind solche Begegnungen Feste.

Traurig und unruhig sage ich mir heute, daß ich sie ohne
das geringste Herzklopfen ansehe wie Leute einer bestimmten Berufsgruppe, fast wie Schaffner oder Soldaten. Geheimnis und Schönheit sind verschwunden und zerfallen –
alles ist von der gesichtslosen Welt verschluckt worden. Bin
etwa auch ich zu vernünftig geworden, glaube auch ich
nicht mehr an Wunder?

Und doch war zweifellos mein erster und unmittelbarer
Eindruck der richtige. Wie hat er sich abstumpfen können?

Das Unglück der Christen im Westen besteht gerade
auch darin, daß wir nicht mehr auf Wunder warten, unsere
Hirten nicht bis zur Unvernunft lieben und ihnen nicht
mehr grenzenlos wie Kinder vertrauen.

Einer der Gründe der geistigen Wiedergeburt der russischen Kirche ist das über jeden Zweifel erhabene, totale, dabei jedoch nicht blinde, sondern gnädig weise Vertrauen in
die Priester, Mönche und Kirchenmänner. So hörte ich zum
Beispiel, mein Beichtvater sei früher völlig anders gewesen,
als wie ich ihn kannte – er habe gerne getrunken und sei ein
Feinschmecker gewesen. Er veränderte sich jedoch von
Grund auf, als er die auf ihn gerichtete erwartungsvollen
Augen der Neubekehrten sah. Er konnte die Hoffnungen

derer, für die er zum Bild des himmlischen Vaters geworden war, nicht enttäuschen.

Auch wenn der Priester und Beichtvater einen Fehler macht, denkt der Gläubige: Darin liegt ein Geheimnis, das zu durchdringen mir nicht gegeben ist, sieht doch das Väterchen[1] mein Inneres und weiß, daß es so besser ist. – Das Vertrauen steigt aus dem Bereich des Menschlichen in den Bereich des Göttlichen empor. Der Heilige Geist selbst verbindet den Beichtvater mit seinem Kind. Beichtvater zu sein ist eine Gnade, ohne die der Gehorsam sinnlose Sklaverei wäre. Mit der Gnade jedoch macht der Gehorsam unsere Freiheit fruchtbar und führt sie zur Vollkommenheit.

Undankbarkeit

Dort, wo es nichts zu essen gibt und man sich nirgends hinlegen kann, spricht man weder vom Essen noch vom Geld, noch von der Enge. Käme das einem in den Sinn, würde man ihn ungläubig anstarren. Dort liest man einander Tag und Nacht Gedichte vor, diskutiert die „ewigen Fragen", bewundert einander endlos, und wenn man streitet, so nur deswegen, weil man zuviel vom anderen erwartet. Man spricht vom Gebet und bereitet sich auf die Kommunion vor: in Auge und Rede sprüht dort unablässig der Lebensfunke.

Hier aber, wo es von allem zuviel gibt, hört man nur von Krise, Teuerung und steigendem Dollarkurs.

Undankbarkeit ist der Anfang des Selbstmordes.

---

[1] Liebevolle Anrede für den Gemeindepriester.

Im Gebet und im Leben des Geistes wird ein Gegensatz zur sozialen Tätigkeit, zum Kampf für Gerechtigkeit und zur Hilfe für die Armen gesehen.

Aber führt denn das Gebet von alldem weg? Ein gut betender Mensch wird zwangsläufig zum liebenden Menschen. Er wird immer nach einer Gelegenheit suchen, den Notleidenden zu helfen, und wenn er selbst leidet und bedürftig ist, wird er doppelt so dankbar für Unterstützung sein. Ohne geistige Grundlage und ohne Gebet sind die Probleme der sozialen Gerechtigkeit so zu lösen versucht worden, daß Resultate dabei herauskamen, die den ursprünglichen Absichten genau widersprachen. Das Gebet schenkt den Wagemut, ohne den man nicht zu handeln beginnen kann.

Wo es Leiden gibt, öffnet sich das Herz selbst zur Reue und lernt, in die Tiefe zu sehen und nicht nur die sozialen und politischen Zustände für seine Not verantwortlich zu machen, sondern die Schuld zuerst bei sich zu suchen. Deshalb dürstet man in Rußland so nach der Beichte: Man will sein Inneres läutern und sich von der Sünde reinwaschen.

Im Westen dagegen gibt es die Beichte fast nicht. Es ist sichtlich schwieriger, in der freien Welt – ich sage das ohne Ironie, im Sinne der Freiheit von äußeren und inneren Spannungen – Reue zu erlangen. Um so kostbarer ist sie vor Gott. Bei Gabrielle Bossis lese ich: „Eure Sünde gefällt Gott, weil ihr *frei* seid; die Sühne im Fegfeuer ist unabhängig von eurem Willen."

Bei Jean und Lucette

Heiligkeit ist auch in dieser „normalen" Gesellschaft möglich. Ich war bei Jean und Lucette in Montjoie. Sie haben dreizehn seelisch und körperlich kranke Kinder aufgenommen. Ihr Haus erinnert überhaupt nicht an ein kaltes und anonymes Internat, nein: hier lebt eine richtige, herzliche Familie, in der jeder unentbehrlich ist und geliebt wird.

Diese Menschen verwirklichen das *Unmögliche* des Evangeliums. Gewöhnlich ist das Kind für seine Eltern das gescheiteste und schönste Wesen auf der Welt, das alles zu vollenden hat, was sie selber nicht fertiggebracht haben. Hier nun werden invalide Kinder rehabilitiert, die nicht nur von der Perfektion, sondern sogar vom Durchschnitt weit entfernt sind; Kinder, von denen sich zudem die eigenen Eltern losgesagt haben und die niemand bei sich aufnehmen will.

Es wiederholt sich das russische Märchen vom roten Blümchen, wo die Liebe das Ungeheuer in einen Prinzen verwandelt. Die Liebe macht aus diesen Kindern die schönsten und glücklichsten Menschen der Welt.

Dabei sind Jean und Lucette gar keine reichen Leute; sie versuchen einfach, das Christ-Sein ernst zu nehmen. Ihr Vertrauen auf Gott ist grenzenlos – sie leben beständig auf der Kippe, und es gab Zeiten, in denen sie nicht wußten, was sie den Kindern am nächsten Tag zu essen geben sollten: Die ganze Familie erhob sich dann zum Gebet. Das ernste, tiefgründige Gesicht Jeans und die Schönheit Lucettes werde ich nicht vergessen. Warum begegnen wir so selten diesem ruhigen Vertrauen auf das Wunder?

Nur die Armut hilft

Europa ist beschämend reich. Reichtum schenkt Überheblichkeit und macht Gott überflüssig. Deshalb muß man opfern, was auch für uns und nicht nur für die Armen in der Zweiten und der Dritten Welt nützlich ist: Nur die Armut hilft uns, das Risiko des Daseins zu erfahren und den Abgrund zwischen der sichtbaren, phänomenalen, und der unsichtbaren, noumenalen, Welt zu entdecken. Mit Demut und Liebe gewappnet, müssen wir versuchen, diesen Abgrund zu überspringen.

Die Kühnheit, lächerlich zu sein

Viele Christen schweigen über ihren Glauben aus Angst, lächerlich zu erscheinen. Was kann man hier raten? Bei uns in Rußland begann die religiöse Wiedergeburt mit der Kühnheit, lächerlich zu sein. Die Unvernunft des Kreuzes ruft nicht so sehr Lachen als Staunen ob dem Geheimnis hervor, und schließlich siegt sie: „Es schweige jeder menschliche Leib ..."[2]

Gott ist Mensch geworden. Keine Phantasie und auch nicht die kühnste Utopie reichen an diese Tatsache des Evangeliums heran.

Alles übrige ist unermeßlich einfacher. Diese Unvernunft ist die Hauptsache, und vor ihr sind alle unsere Verschrobenheiten hoffnungslos langweilig und ängstlich berechnend.

---

[2] Beginn des Troparions, das in der orthodoxen Kirche in der Vesper am Karsamstag gesungen wird.

Das westliche Christentum hat den Leib verloren

Das westliche Christentum hat wenn nicht den Geist, so doch den Leib verloren. Hans Urs von Balthasar hat richtig bemerkt, daß wir in einer quasi-buddhistischen Epoche leben. Dazu gehört auch der Verlust des Fastens, denn unser Körper muß am Gebet teilhaben. Wenn dieser sich nicht durch das Fasten verklärt und vergeistigt, zieht uns der von Nietzsche als Zwerg beschriebene „Geist der Schwere" zu Boden und lähmt unsere Flügel.

In Rußland fastet man heute sehr streng[3], wie vor der Revolution. Allerdings konnte man damals leichter auf Fleisch, Fisch und Milch verzichten, da es genügend Gemüse, Früchte und Getreidekörner gab. Im heutigen Rußland ist es am Ende des langen Winters – zur Zeit der Großen Fasten – kaum möglich, Gemüse und Früchte zu finden. Die orthodoxen Gläubigen ernähren sich in den ganzen vierzig Fastentagen vor Ostern von Kartoffeln, Kohl und Brot, und es gibt welche, die tage-, ja wochenlang nichts essen. Auf diesem Gebiet hängt alles vom Beichtvater ab, der die „Heldentaten" seiner geistlichen Kinder aufmerksam beobachtet. Es kommt vor, daß er „befiehlt", überbordenden Fasteneifer zu zügeln, dann nämlich, wenn Erschöpfung droht. Auch in der Askese darf der Mensch nicht der *Leidenschaft* der Unmäßigkeit verfallen, ist doch gemäß den heiligen Kirchenvätern jegliche Leidenschaft der Anfang des Todes.

Wie stark Fasten das Beten fördert, kann nur durch ei-

---

[3] In der orthodoxen Kirche gibt es vier Fastenzeiten: vor dem Peter-und-Paul-Fest (1 Monat), vor Mariä Himmelfahrt (14 Tage), vor Weihnachten (5 ½ Wochen), und die Großen Fasten (40 Tage plus die Karwoche). Außerdem sind das ganze Jahr über gewöhnlich der Mittwoch und der Freitag Fastentage. Das Fasten erstreckt sich nicht nur auf Fleisch, sondern auf jegliche Nahrung tierischer Herkunft (Milch, Fett, Eier usw.).

gene Erfahrung ermessen werden; wie schade, daß im Westen diese Erfahrung fast gänzlich vergessen ist.

Versiegen der Liebesenergie

Vergessen ist auch der Eros im Sinne der platonischen Diotima oder genauer jener Eros, den Maximos der Bekenner beschrieb. (Eros ist nicht zu verwechseln mit der Sexualität, die in ihrer mechanisierten, entmenschlichten Form in der Verbrauchergesellschaft, deren notwendiger Bestandteil sie ist, herrscht und triumphiert.)

Während meiner Vorträge sehe ich bei jungen Menschen oft leblose und kraftlose Gesichter. „Mit uns fahren – Energie sparen", verkündet eine Reklame der Wiener Straßenbahn. Die Krise der Naturenergie spiegelt die Krise und das Versiegen der Liebesenergie, die Kraftlosigkeit des Eros.

Erniedrigte, Leidende, Toren

Im russischen Bewußtsein ist Christus ein Erniedrigter, ein Leidender und ein Tor. Er wandelt auf Erden wie ein fahrender Bettler; so sagt Tjutschew[4]. „Ganz hat dich, o Heimaterde, der Himmelskönig als Sklave abgeschritten und gesegnet."

Der russische Mensch schätzt Leiden und Armut hoch ein, während Reichtum in unserer religiösen Tradition oft als Strafe empfunden wurde. Bettler, christliche Toren, Krüppel und Menschen, die Schimpf und Schande der Welt empfangen, wurden schon immer und werden auch heute noch vom Kirchenvolk besonders geliebt. Auch heute, in

---

[4] Fjodor Iwanowitsch Tjutschew (1803–1873), philosophischer Dichter.

unserer sowjetisch-antisowjetischen Zeit, gibt es ihrer viele, die von einem Kloster zum anderen ziehen, von den Leuten nur schwarzes Brot annehmen und in den Wäldern schlafen. Sie werden wegen „parasitärer Lebensweise", Landstreicherei und Fanatismus verfolgt, doch in ihrer Flucht aus der Welt verbrennen sie sogar ihre Pässe – und ein Mensch ohne Paß ist bei uns kein Mensch mehr –, da sie das apokalyptische „Zeichen des Tieres" nicht auf sich tragen wollen. Bei den russischen Kirchen habe ich immer wieder diese dünngekleideten und auch im klirrenden Frost barhäuptigen Menschen getroffen, aus deren Gesichtern bald kindliche Freude, bald geheimnisvolle, sündlose Trauer und unauslöschliche Sehnsucht nach einer anderen Welt strahlt. Einige von ihnen wecken mit ihrer Suche nach höchster Demut beim Volk Bosheit und Verachtung: Sie beleidigen und entlarven und schockieren durch ihr abstoßendes Benehmen. Doch auch solche Leute werden in unseren Kirchen geschätzt, sagen doch die Frauen: Wir haben es verdient, beleidigt und entlarvt zu werden, ja wir sind noch schlimmer, als man uns vorwirft.

Die Bettlerin in Leningrad

Bei der Nikolauskirche in Leningrad stand eine Bettlerin, eine große Frau mit einem tragischen und kraftvollen Gesicht. Sie streckte die Hand mit Bitterkeit aus und sang dabei ein Klagegebet: „Heilige Mutter Gottes, heilige uns durch das Licht deines Sohnes!" Ihre Gestalt und ihre Stimme waren von einer Würde durchdrungen, wie man sie in unserem geschäftigen Leben nur noch selten findet. Dort begriff ich, was die Armut eines Bettlers ist, nämlich Heldentum und eine Art von Heiligkeit, gnadenvolles, siegreiches Kreuz.

Als Parasiten verhaftet

Erst jetzt verstehe ich, wie dankbar wir russischen Christen Gott dafür sein müssen, daß man uns nicht als Christen verhaftete – bei uns gibt es ja offiziell keine Gefangenen aus Gewissensgründen –, sondern als „Parasiten", antisowjetische Agitatoren, Störenfriede der öffentlichen Ordnung, als Diebe und Rauschgifthändler oder was immer sich die in ihrem Zynismus nicht zu überbietenden KGB-Leute ausdenken mochten. Auch hier half man uns, nicht dem Stolz zu verfallen und zu Pharisäern des Leidens zu werden; unsere rechte Hand wußte nicht, was die linke tat. Ruhm sei Gott für alles! Die ihrer äußeren Macht beraubte Kirche erstrahlt in ihrer inneren Kraft, die Herrschenden dieser Welt dagegen sind noch nie so unansehnlich und so bemitleidenswert gewesen. Der Herr hat uns vor Augen geführt, wie unbegabt alle Unterdrücker sind, und ich habe selten Christen gesehen, welche die Staatsmacht haßten: Unsere Verfolger weckten im Gegenteil unser Mitleid.

Geistliche Beamte

Man stellt mir einen „Verantwortlichen für die Jugend", einen „Verantwortlichen für die Frauen" und sogar einen „Verantwortlichen für das Leben" vor. „Gibt es auch einen Verantwortlichen für den Tod?" möchte ich wissen. Aber ich spreche meinen Gedanken nicht laut aus; allzu düster und ernst sind diese Leute oder eher diese Amtspersonen, die aus der Kirche irgendeine bürokratische Einrichtung machen. Sieht man diese gleichgültigen Beamten an, entdeckt man in ihren Gesichtern mit Schrecken die völlige Ausdruckslosigkeit sowjetischer Parteileute. Man kommt in eine Kanzlei oder in ein Kabinett, und in jedem sitzen

zwei bis drei beschäftigte Leute, aber Leben gibt es da überhaupt keins. Alles erinnert stark an Kafka. Wo bleibt denn in dieser zur Institution erstarrten Kirche der Leib Christi? Die Geistlichen sind keine Väter mehr, sondern Beamte.

Die Kirche darf nicht kalt und mechanisch sein. Alles, was wir für Gott tun, muß aus der Tiefe des lebendigen Herzens kommen. Nur so wird die Notwendigkeit, sich einer blinden und anonymen Gewalt zu unterwerfen, dem eifrigen Gehorsam dem Vater gegenüber weichen.

Priester und Bischöfe müssen Vater und Mutter sein

Der Starez Nikolaj, Beichtvater von vielen Priestern und sogar Bischöfen, sagt seinen geistlichen Kindern: „Ihr müßt eurer Kirchenherde nicht nur der Vater, sondern auch die Mutter sein."

Die Milde, die von diesem Starez ausgeht, kennt keine Grenzen, und sein Wohlwollen erstreckt sich auf Menschen und Tiere, ja auf die ganze Natur. Für seine Liebe gibt es nichts Unwichtiges, und zu allen Menschen schaut er wie zu hilflosen, ständiger Fürsorge bedürfenden Kindern: Reicht dir das Geld, um dahin zu fahren? Bei welchem Doktor warst du gestern? Hast du warme Wäsche? Zunächst erstaunen die „Kleinigkeiten", doch später versteht man, vertraut sich dem Fragenden an und entdeckt eine neue Ebene der zwischenmenschlichen Beziehungen.

Es scheint, daß nicht nur die Menschen diese zärtliche, lebenspendende Liebkosung spüren, sondern auch die Natur: Um das Kloster herum ist der Wald besonders schön, und die Föhren streben frohlockend zum Himmel. Oft hört man vom Starez in der Predigt: „Schaut, wie jedes Blättchen und jede Föhrennadel Gott lobt und preist! Wenn der Mensch es ihnen nur gleichtäte!" Zu diesem gnadenerfüll-

ten Kosmos gehört auch, daß der heilige Serafim von Sarow[5] in seiner Einsiedelei von einem Bären besucht wurde. Zum Kloster kommen anscheinend Tiere, die in anderen Gegenden verschwunden sind; in das neue Paradies zieht es Hasen und Rehe, und die Vögel erst ... sie fühlen sich hier als Herren: in riesigen, lärmigen und fröhlichen Schwärmen ziehen sie über den Klosterbauten ihre Kreise.

Auf dem Wasser gehen

Mutter Maria (Skobzowa)[6] schrieb: „Es gibt zwei Arten zu leben. Man kann in völliger Gesetzestreue und Achtbarkeit auf dem Trockenen gehen, abmessen, abwägen, vorsehen. Doch kann man auch auf dem Wasser wandeln, wobei dann aber weder Abmessen noch Abwägen hilft, sondern einzig und allein der stete Glaube. Ein Augenblick des Unglaubens, und schon fängt man an unterzugehen."

Der Mensch neigt in seiner Schlauheit dazu, seine Kräfte zu unterschätzen. Dabei war es für Gott bei weitem schwieriger, Mensch zu werden, als für den Menschen, sich zum Gott zu machen. Der russische Philosoph Nikolaj Fjodorow (1828–1903) schlug in einem großen Projekt die allgemeine Auferweckung der Toten und den Sieg über den Tod vor. Dostojewskij, Tolstoj und Wladimir Solowjow betrachteten Fjodorow als ihren Lehrer, während seine heutigen Kritiker

---

[5] Serafim von Sarow (1759–1833), einer der größten russischen Heiligen und Asketen. Wurde 1903 heiliggesprochen.

[6] Mutter Maria Skobzowa, eig. Elisaweta Jurjewna Pilenko (1891–1945), erste Absolventin der Petersburger Geistlichen Akademic. Zunächst Sozialrevolutionärin, lebte sie seit 1921 in Paris und wurde 1932 orthodoxe Nonne. Da sie während der deutschen Besatzung verfolgten Juden Unterschlupf gewährte, wurde sie verhaftet und kam nach zwei Jahren in einem Konzentrationslager um.

seine Ideen für eine lächerliche und naive Utopie halten. Im Grunde aber steht die Wahrheit auf Fjodorows Seite: Der Mensch muß Gott bei seiner Arbeit beistehen. Die Kühnheit des Evangeliums ist unbezwinglich.

Gott allein hat gelitten

Auf die Frage des Papstes, ob er gelitten habe, antwortete der kubanische Dichter Jorges Vals, der 20 Jahre lang im Gefängnis gesessen hatte: „Nein. Gott allein hat gelitten; unsere Leiden sind nichts gegen seine Leiden." Er sagte auch: „Hätte ich fünf Jahre im Gefängnis verbracht, könnte ich noch denken, ich sei unschuldig verurteilt worden. Doch habe ich 20 Jahre gesessen, und ich weiß, daß ich schuldig bin." Wie kraß widerspricht diese seelische Erkenntnis und Wahrheit der modernen westlichen Gewohnheit, überall Unannehmlichkeiten zu sehen, ewig unzufrieden zu sein und ständig jemanden verantwortlich zu machen – die Gesellschaft, den Kapitalismus, die Bürokratie –, nur nicht sich selbst.

Vor dem Schaufenster der Buchhandlung

Ich stehe vor dem Schaufenster einer katholischen Buchhandlung in Madrid. Auf den Buchumschlägen lächeln breit „glückliche" Gesichter, leuchten Sonnenaufgänge und lachen Kinder. All das ist zu plakativ und zu oberflächlich optimistisch, ja es erinnert geradezu an eine sowjetische Ausstellung zum Thema „Vorwärts in die lichte Zukunft!"

Und doch weiß ich genau, daß selbst dieser Mangel an gutem Geschmack und ästhetischem Gefühl den echten, innigen Glauben nicht zu beeinträchtigen vermag. Ich erin-

nere mich, welche schäbigen und kitschigen Papierikonen die alten Frauen in unseren Kirchen einander schenkten und mit welcher Ehrfurcht sie diese Heiligtümer bewahrten.

Eine Krankenschwester einer psychiatrischen Klinik erzählte mir einst, einer von ihren Patienten, ein pensionierter KGB-Mann, der wegen der Schwere seiner Verbrechen den Verstand verloren hatte, nehme nachts immer eine ebensolche, zündholzschachtelgroße Papierikone hervor und flüstere: „Gegrüßet seist du, Maria, voll der Gnade!"

In der Nähe des Buchladens sehe ich im Museum Bilder El Grecos. Seine Apostel mit ihrem unerträglichen Augenrollen scheinen beinahe maniert ... wenn es eben nicht El Greco wäre! Doch diese Unnatürlichkeit bemerkt man schließlich nicht mehr, und man sieht nur, wie stark die Anziehungskraft des Himmels ist. Die Erde hat hier keine Macht mehr über die Menschen. So ist es oft bei den Spaniern: Auch wenn sie scheinbar eine solche Höhe erreicht haben, wo die Luft dünn wird und das Atmen Mühe macht, schreiten sie unbeschwert weiter, als seien sie bei sich zu Hause.

Der Geist kann alles Beliebige verwandeln, Häßliches in Schönes, Dummes in Weises, Totes in Lebendiges.

Trotzdem kommt Traurigkeit über mich, wenn ich dieses Schaufenster betrachte. Warum sind die Kunst- und Geschichtsbände so geschmackvoll ausgestattet? Warum versteckt sich allein das Wort Gottes, das in früheren Jahrhunderten die Erbauer von märchenhaft schönen Kathedralen inspirierte, hinter unbedarfter Buntheit und banalem Kitsch? Kann doch diese Häßlichkeit die Suchenden abschrecken, jene, die den festen Glauben noch nicht gefunden haben.

Die Heiligen werden siegen

Die Heiligen werden siegen, weil sie Schöpfer sind; unversieglich wie die Sonne sind sie in ihrer Liebe. Unversieglich ist auch die Erfahrung des Gebets. Der Liturgie und des unveräußerlichen Erlebnisses ihrer Schönheit wird man nie müde. Das Gebet kann nicht zum Instrument werden, ja es läßt sich nicht einmal auswendig lernen, d. h. beherrschen. Das Gebet allein widersteht dem Parasitentum der modernen Verbrauchergesellschaft.

In ihr, wo alles Gegenstand des Verkaufs und des passiven Genusses ist, vermag allein das Gebet zu erbauen und aufzubauen, und nur es wird von dieser Gesellschaft, die gierig wie ein Vampir und langweilig wie die Hölle ist, nie verschlungen werden.

Die Reihe „Lebenszeichen":
Packende Zeugnisse

Hanne Baar
Kommt, sagt es allen weiter
Eine Christin berichtet über charismatische Erfahrungen.
2. Auflage. 80 Seiten, Paperback. ISBN 3-451-19886-X

Wladyslaw Bartoszewski
Herbst der Hoffnungen
Trotz Folter und Haß: Mitmenschlichkeit
2. Auflage. 144 Seiten, Paperback. ISBN 3-451-19958-0

Aimé Duval
Warum war die Nacht so lang
Wie ich vom Alkohol loskam
4. Auflage. 160 Seiten, Paperback. ISBN 3-451-20213-1

Philomena Franz
Zwischen Liebe und Haß
Eine Zigeunerin überlebt Auschwitz
2. Auflage. 96 Seiten, Paperback. ISBN 3-451-20398-7

Glauben Frauen anders? – Erfahrungen
Herausgegeben von Marianne Dirks
4. Auflage. 192 Seiten, Paperback. ISBN 3-451-19751-0

Barbara Just-Dahlmann
Und sprach zu den Richtern:
Sehet zu, was ihr tut
Menschliche Geschichten aus dem Gerichtssaal
96 Seiten, Paperback. ISBN 3-451-19977-7

Werner Knubben
... der werfe den ersten Stein
Was nicht im Mordprotokoll steht
2. Auflage. 144 Seiten, Paperback. ISBN 3-451-20015-5

Gertraud Lamla
Muß ich auch wandern in finsterer Schlucht
Eine Mutter erlebt das Sterben ihres Kindes
2. Auflage. 144 Seiten, Paperback. ISBN 3-451-20395-2

Ruth Pfau
Wenn du deine große Liebe triffst
Ein Leben für Lepra-Kranke
3. Auflage. 160 Seiten, Paperback. ISBN 3-451-20259-X

Das Judentum lebt – ich bin ihm begegnet
Erfahrungen von Christen. Herausgegeben von Rudolf Walter
168 Seiten, Paperback. ISBN 3-451-20455-X

Ellen Norman Stern
Wo Engel sich versteckten
Das Leben des Elie Wiesel
192 Seiten, Paperback. ISBN 3-451-20678-1

Verlag Herder Freiburg · Basel · Wien

Das außergewöhnliche Erstlingswerk
Tatjana Goritschewas

Das persönliche Zeugnis einer Russin, die Kommunistin und
Atheistin war und sich zum Glauben bekehrte. Ein erschütternder
Lebensbericht – voll Dramatik und Spannung. Zugleich eine Mah-
nung an die westliche Welt, dem Glauben neue Bahnen zu bre-
chen.
„Nicht zuletzt auch für das satte Christentum im Westen eine
Herausforderung zur Selbstbesinnung auf den eigenen Standort.
Es ist fast so, als ständen die ersten Christen aus der Zeit der römi-
schen Verfolgung heute vor uns und forderten Rechenschaft dar-
über, was wir aus der Lehre Christi gemacht haben" (KNA).

14. Auflage. 128 Seiten, Paperback. ISBN 3-451-20011-2

Verlag Herder Freiburg · Basel · Wien